History of Architectural Space in Europe

西洋建築空間史

西洋の壁面構成

安原盛彦
Yasuhara Morihiko

鹿島出版会

西洋建築空間史

西洋の壁面構成

目次

序　西洋の建築空間

歴史的な建築の空間は、日本であっても西洋であっても、ほとんど当時、言葉では記録されていない。当時の解説書はまずない。あったとしても建築空間と関わらない記述ばかりである。ヴィトルヴィウスの『建築十書』にしても、比例や釣り合いについては書いてあっても、当時の人々がその空間をどう感じたかについては記されていない。

まるで空間は自分で感じ取るものであって、それを言葉で代替はできないと言っているかのようである。ただし、そこに空間史を記す必要性もある。残された建物を見て、歩きまわって体験し、また残された図面や実測された図面、古書などから理解する必要がある。

そこでは形の意味が重要だ。平面の形、立面の形、断面の形、三次元の形であり、時・空間の形である。

ヨーロッパの古建築を見ていると組積造が生み出す構造的工夫に驚かされる。アーチ、ドーム、ヴォールト、交差ヴォールト、飛び梁（flying buttress）、リブ・ヴォールト、尖頭アーチ等々である。西洋建築は大空間を覆うことと開口部を大きく開けることで発展してきた。次々に工夫が進み、それが歴史的建築文化を形成している。

こうした組積造が生み出す空間に日本人は慣れていない。地震が多いこともあって、そうした構造物を見いだすことができないからだ。日本建築は木造であり、柱を建てることが先にあり、開口部は開けたければその間全部を開けてよかった。

日本では現在、石やレンガが使われていても、それは構造材ではなく化粧材として使われている。構造材としての石やレンガの一つひとつに力が伝わってつくられていく空間とは見え方、人間の五感に与える影響が違う。そこで西洋に特有な構造的空間だけを追っても、日本人には論理的には分かっても、空間を感じとる感性からの把握とは言いにくい。

組積造は積まれた壁[*1]に開口部を開けるとき、その部分の構造が変わる。開口部の上の壁を異なった構造、アーチやヴォールトあるいは梁などで受けなければ建物が崩壊してしまう。

一方、日本建築（木構造）は柱梁構造である。外壁面では基本的には柱と梁の間は開口部でも壁でもよい。開口部を開ける場合でも構造をいじる必要がない。組積造と木構造が生み出す空間の間には計り知れない隔たりがある。

日本人はヨーロッパ建築を歴史としてではなく空間としてどのように理解しているだろうか。空間として理解するためには新たな個人の空間に対する感性、視線が必要だ。その空間を自分が感じ取り、自分の言葉で表現できなければ理解しているとは言いがたい。空間は個人で感じとられるからだ。

西洋人のとらえ方と違うかもしれないが、それは仕方がない。日本人が感じ取り、記述するのだから。それは西洋人にとっては、外国人である日本人の視点から西洋建築を理解する方法と見えるだろう。

ブルーノ・タウト（一八八〇〜一九三八）やF・L・ライト（一八六七〈一八六九？〉〜一九五九）を例に出さなくても、日本の建築が外国人によって感じ取られ記述されてきた。伊勢神宮や桂離宮の空間はこのとき、「再発見」[*2]されたのである。タウトの見方が日本人にも大きな影響を与え、世界に流布していった。しかし一方で、日本人はそうした感じ方を優

＊1　本書で用いる「壁面構成」という言葉は、「壁面の空間構成」の意である。

＊2　ヨーロッパもルネサンスを通じて古代ギリシャ・ローマ（特に古代ローマ）の建築形式を学んだのである。

れているとと理解しつつも、違和感を覚えてきた。

　日本の建築空間も読まれなければならない。建築は各時代の様式の重なりと見るのは、一方で事実であるが、それだけで建築空間が分かるわけではない。空間史を記すことは、歴史の中に存在する空間を読む者の見方を見つけ出すことである。

　西欧に蓄積された厖大な空間を日本にいる者が理解、つまり知的に、あるいは感覚的に知ろうとするとき、どのような方法があるだろうか。あるとすれば、それは自ら見いだした視点に絞り、そこから視界を広めていくしかないだろう。

　日本人が見る日本の空間も同じではないかと言われるかもしれないが、自分が生きてきた時間、ほとんど絶え間なく、接している空間の見方、感じ方は、歴史や記憶とつなげることができる。考える前にずっと何らかの機会に幾度も接してきたからだ。それゆえ過去を、記憶や五感を通して思い出し、感じ取ることができる。日本の空間に対するときには、西欧の空間と違って、受け身であっても能動的であっても、心構えや反応自体が違う。伝達される回路や意味が変わってくる。

　日本の意識が西洋建築の空間を感じとり、理解する必要がある。西洋建築は、特にルネサンスというヨーロッパの古典様式（特に古代ローマ）が千年を経て再び強烈に現れてくるという特質を持つ。日本建築には「古典復興」はなかった。それだけに日本人にとってルネサンス建築を理解するのが難しい。このことは日本の建築空間と西洋の建築空間との間の厖大な差である。

　本書では理解しやすいように時代を古代（ギリシャ、ローマ）、中世（ロマネスク、ゴシック）、近世（ルネサンス、バロック）、近代・現代と大きく四つに分けた。

第一章　古代

古代ギリシャの建築

西洋の建築を見、理解しようとするとき、一般的には古代ギリシャ・ローマがまず取りあげられる。特に西洋にはルネサンス(「古典復興」)という時代があり、それは古典建築の「復興」を意味しているからだ。この時代を見ないと西洋の建築を理解し、道筋を見つけていくことができない。

古代ギリシャの建築は明快で理知的であったと言われている。西洋建築における知である。構成部材の比例が大切にされた。例えば柱の太さは各部分や全体の比例に強く影響を与えた。その比例とはどういうことを意味するのだろうか。古代のすべての建物が同じ比例を持っていたわけではない。ではどのようにして、その比例を決めたのだろうか。人体の各部分間の比例が採られたと言われる。しかしそれは比例であって、人体の大きさを建築空間の中に取り込んだのとは違う。

おそらく最初は美しく構成するために比例が絶対であり、その理想を希求したときが幾度もあったはずだ。古代ギリシャ、古代ローマであり、ルネサンスである。しかしそれは建築空間という、人間が感じとる場に立ち会うとき、一つの比例だけでは解釈することができなかった歴史でもあった。また、空間は比例を重ねて数学的に解ける実体ではなかった。人間の眼には建物は立面図のように見えるわけではない。

古代ローマでも平面図、立面図は描かれていた。そこでは比例が求められた。しかし柱の基底部直径を基準としても、その他の部分をいくつの比例にするのかは建物ごとに、また細部ごとに決めなければならない。それを決めても必ずしも全体のプロポーションがよくなるとは限らない。見え方や印象が建物ごとに違ってくる。比例でとらえることと、すべてが美しい結果となるということとは関わりがない。どの比例にすれば全体のプロポーションがよくなるかの決定は、設計者が行わなければならない。それは個々になされる設計行為である。

古代ギリシャ、古代ローマ、ルネサンスにおける比例は、日本の近世の大工書にある木割りとは様子を異にする。日本では建物の機能あるいは種類（例えば寺院、神社、住宅など）の違いによって一定の木割りを決めている。垂木の間隔、柱の太さ、柱間を決めたら、ほとんどすべてが決まる寸法体系を持っていた。その木割りに従えば、誰がつくってもほとんど類似の建物ができるということである。つまり規準化である。この方法だと量的に建物の質のレベルを保つことはできるが、独創的なもの、新しいものは出てこない。日本では近代になっても、この木割りの呪縛を克服することができなかった。木割りは畳の寸法をも決定する。畳はモデュール（基本となる寸法）を含み込んでいた。そこには人間の身体の大きさを持ち込んでいる。ヒューマン・スケール（人間的な尺度）なのである。

ギリシャの比例はこれとは異なる。それは人体の各部分間の寸法の比例である。比例は大きさ（dimension）を決めているのではない。また比例は静止した、あるいは動きまわる人間の大きさを建物の空間に取り込んだのではない。ギリシャはヒューマン・スケールの空間ではなく、人体の各部の数的比例によって構成される空間であった。

われわれが建物のプロポーションと言うときも、それは比例を言っているのであって、大きさを決めているのではない。大きさと比例の違いは、特に古代ギリシャ・ローマやルネサンスの空間を考えるとき、明確にその差を意識しなければならない。建物の形は比例だけ問題にしていても解決しない。

われわれはある視点で静止したり、移動したりしながら、さらに正面ばかりでなく見上げたり、見下ろしたりしながら建築空間を見ているのである。建築空間史は観察者が静止して、あるいは動きながら感じとる空間の歴史として記述される必要がある。

また建築物は必ずある特定の場所（土地、敷地）に建っている。この建物に基本的な性質は、建物の見え方に大きな影響を与える。一つひとつの建物はすべて違う位置、場所に建っている。つまり一つひとつの建物で敷地の条件が、また周囲の状況が異なるのである。ひとつの方法がどの敷地にも適用できるわけではない。

ルネサンス期になると都市化のため、建物も高密化し、その都市のシンボル的な建物であっても自由に場所を選べなくなる。つまり視点が限定され、正面性が重視される。古代ギリシャにはまだ広い敷地があったためであろう、多面的で彫塑的な記念建造物を多く残している。四面性が重視された。

図面（平面図、立面図、断面図）と視線

ここで図面についての基本的なことを記しておきたい。平面図、立面図という考え方、建物表現の方法はヴィトルヴィウスの『建築十書』にも記されており、古代ローマ時代すでにあった。

立面図は無限遠から建物を見た姿図であって、現実にはあり得ない。断面図も建物の断面を縦に切るなどあり得ない見え方であり、これも切断面を、無限遠から見た図である。平面図も平断面図であり、人間の臍の高さで建物の平面を水平に切って、それを上から、これも

無限遠から見下ろした図である。これら図面のすべてが、われわれには実際見ることのできない見え方なのである。正投影図法である。いわば平面図・立面図・断面図上には人間の視点が定められていない、つまり視点が無数にあると考えてよい。

人が建物を見ることと、図面を見る・読むこととは違うことなのだと知っておかねばならない。建築における比例の問題を考えるときも、建築空間は数学や幾何学とは異なるものなのだと理解しておく必要がある。空間は図ではない。われわれは空間をつくる目的で、それを図で表そうとしているにすぎない。

アテネのパルテノン神殿（前四四七〜前四三二創建、フェイディアス、**図1**）を写した写真をさまざまな書物で見かけるが、その見え方が一つひとつで違う。整った形だけに唯一的な見え方（viewpoint）を期待してしまうが、掲載される写真ごとにさまざまな見え方が現れる。それは広角や望遠などレンズの機能の差だけでその違いが現れるわけではない。建物に現れる部材の構成、比例は実際に人が見る行為によって変化させられるのである。目の位置、目の高さ、観察者の動き、視界の区画の仕方などで多様に変化する。一方、図面は誰が見ても同じに見える。

図面は設計者の論理的思考を示していると言ってよい。それゆえ、図面（復原図を含めて）の中にその意図を、実際の見え方を探ることが必要なのである。図面に現れる比例もそれは設計者の意図である。そして図面自体が縮尺で描かれていることを忘れてはならない。図面に縮尺や寸法が記されていなければその大きさはわからない。

図1　アテネのパルテノン神殿　前四四七〜前四三二

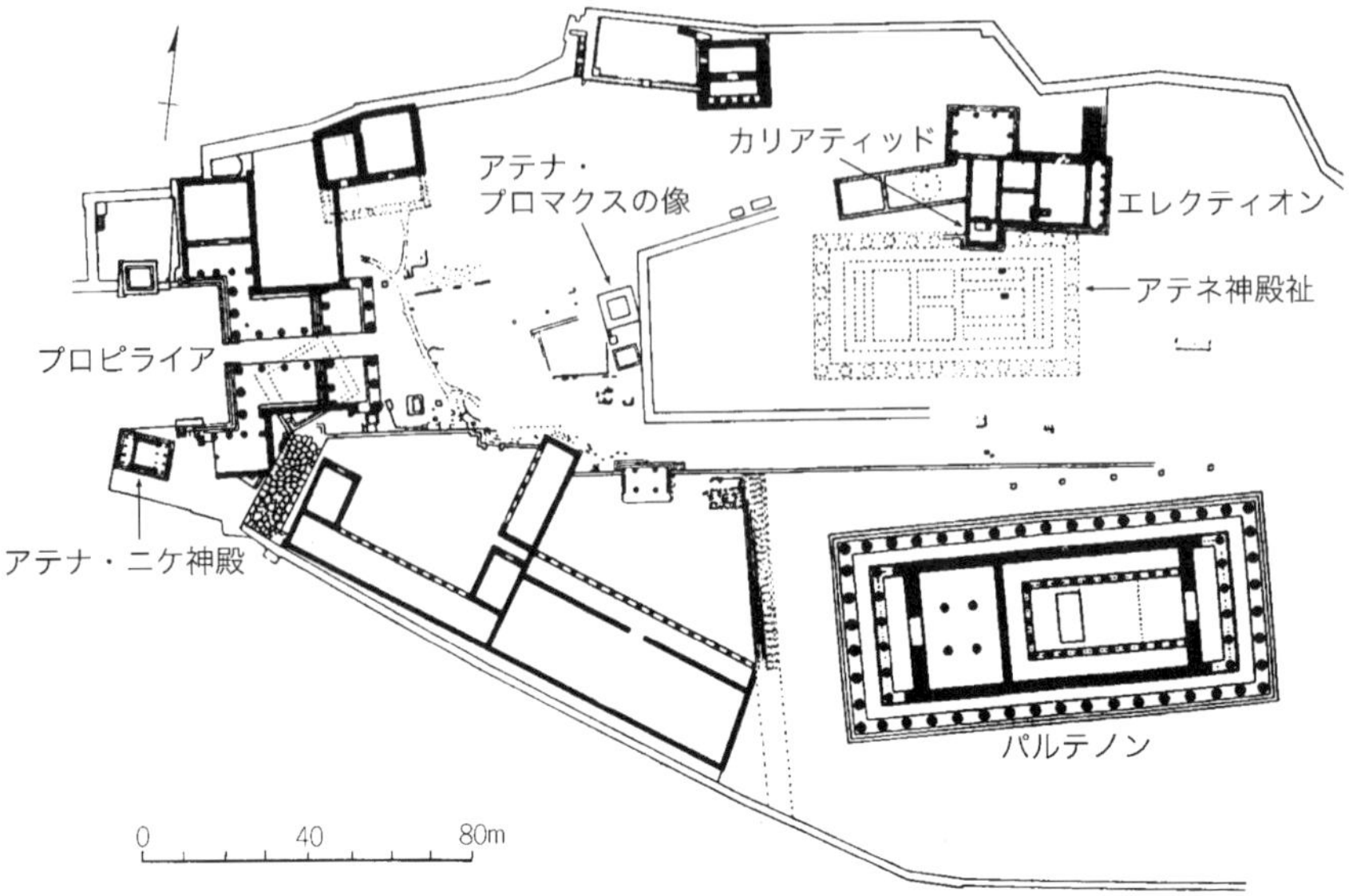

図2 アテネのアクロポリスの丘
（配置図は、日本建築学会編『西洋建築史図集』彰国社、一九八一）

パルテノン神殿

アクロポリスの丘（図2）は古代ギリシャ時代、アテネという都市国家の中心であった。下から見上げると神殿は丘の上の端の方に寄せられ、丘の下の街から見ることができる。市民に見せるように建物を崖の近くへ意図的に近づけたのであろう。

しかし丘の上に登ると、その場は人の眼にはかなり広く感じ、建物が散らばって建っている。特に神殿の周りは空いていて、四方から見られるように建てられている。四面見られてもよいファサード（正面、立面）、ディテール（細部）を持っているということであり、そういう意図で建てられている。

ここでファサードという言葉について触れるが、ファサードは立面図的な見え方も、人の眼が実際に見た見え方も含まれる概念である。

ギリシャ神殿のディテールは数学的に、寸法的に整合されているわけではない。整合されているよう比例的に納めているが、建築を納めるのは必ずしも数学的、寸法的に整合させることだけではない。

特にパルテノン神殿は人の眼に見える建築が意識されている。それは物理的な直線を、直線に見ることのできない人間の眼の錯覚、その補正（リファインメント）を含めて追求されている。人間の視線に関して徹底して注意が払われている。パルテノン神殿が立面の比例をとりながら、なぜ、その補正（リファインメント、図3）をこれほどまでにしなければならなかったのか。それこそ立面（立面図）の比例だけでは、建築空間はバランスを保ちながら人間の眼には見えてこないことを証明している。ルネサンス期の人たちもこのことに気づいていた。

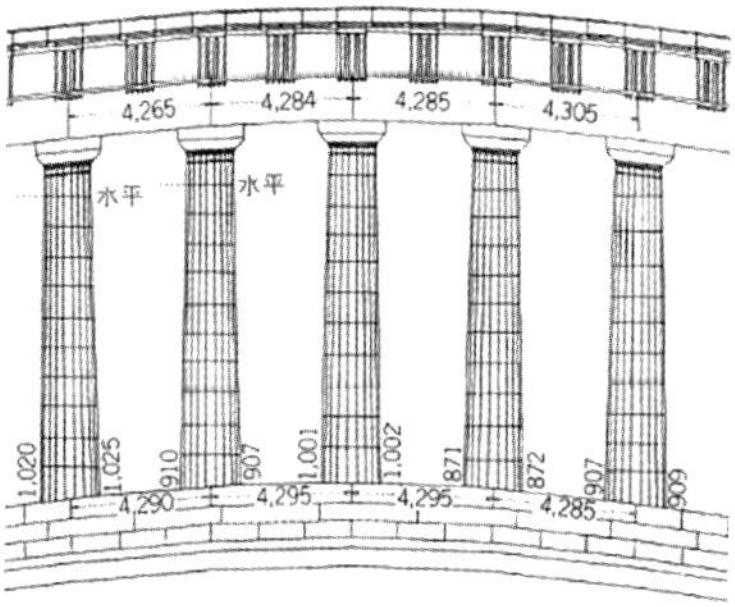

図3「誇張して描いたパルテノン細部のゆがみ」（日本建築学会編『西洋建築史図集』彰国社、一九八一）

パルテノン神殿の平面は長方形をしており、建物の周りは広く空いているので、どこから見られてもよいようにつくられている。そのためにディテール（細部）においても、どちらから見ても納まっている必要があり、特にコーナー（隅角部）はどちら側から見ても同じに納めることが要求された。ギリシャ古典建築が追求していたのは、このコーナー・ディテール（端部詳細）の徹底である。

パルテノン神殿の基壇を見ていると、日本の寺院建築の基壇と随分と違うことに気付く。雨の多い日本では軒先を長く出し、建物の外壁にできるだけ吹き降りや泥水の跳ね返りが及ばないように工夫されている。そのため日本の寺院建築の基壇は軒先の雨垂れ線より内側に位置した[*1]（図4）。その長い軒によって形成される軒下という雨に直接あたらない空間は基壇上にくる。基壇は軒や屋根と相関してとらえられているのである。このことは基壇の段端と円柱が接して形成されるギリシャ神殿の空間（図5）と日本の寺院建築の基壇上の空間は全く異なった場だということができる。

アテネのパルテノン神殿（どのギリシャ神殿もそうなのだが）を見ると、コーニス（軒蛇腹）が少し出る程度で深い軒がない。また基壇（Crepidoma《クレピドーマ》、Stylobate《スタイロベート》）上に建つ柱の柱脚と基壇端部との間にはスペースがない（図5、図14）。つまり基壇の段端に接するように円柱が並んでいく構成をとっている。したがって軒下に、人の動きを誘発する場がない。基壇上が即、建物の内部空間である。つまり基壇は建物の一部であり、建物と一体化した基礎でもある。

日本の基壇は建物を載せているように見える。また基壇上への階段（石階、木階）は、普通あっても各面一ヵ所だけである（図6）。四周に階段を巡らすギリシャ神殿とは異なる。

＊1　拙書『建築概論』第三章「日本建築の空間史」学芸出版社、二〇〇三

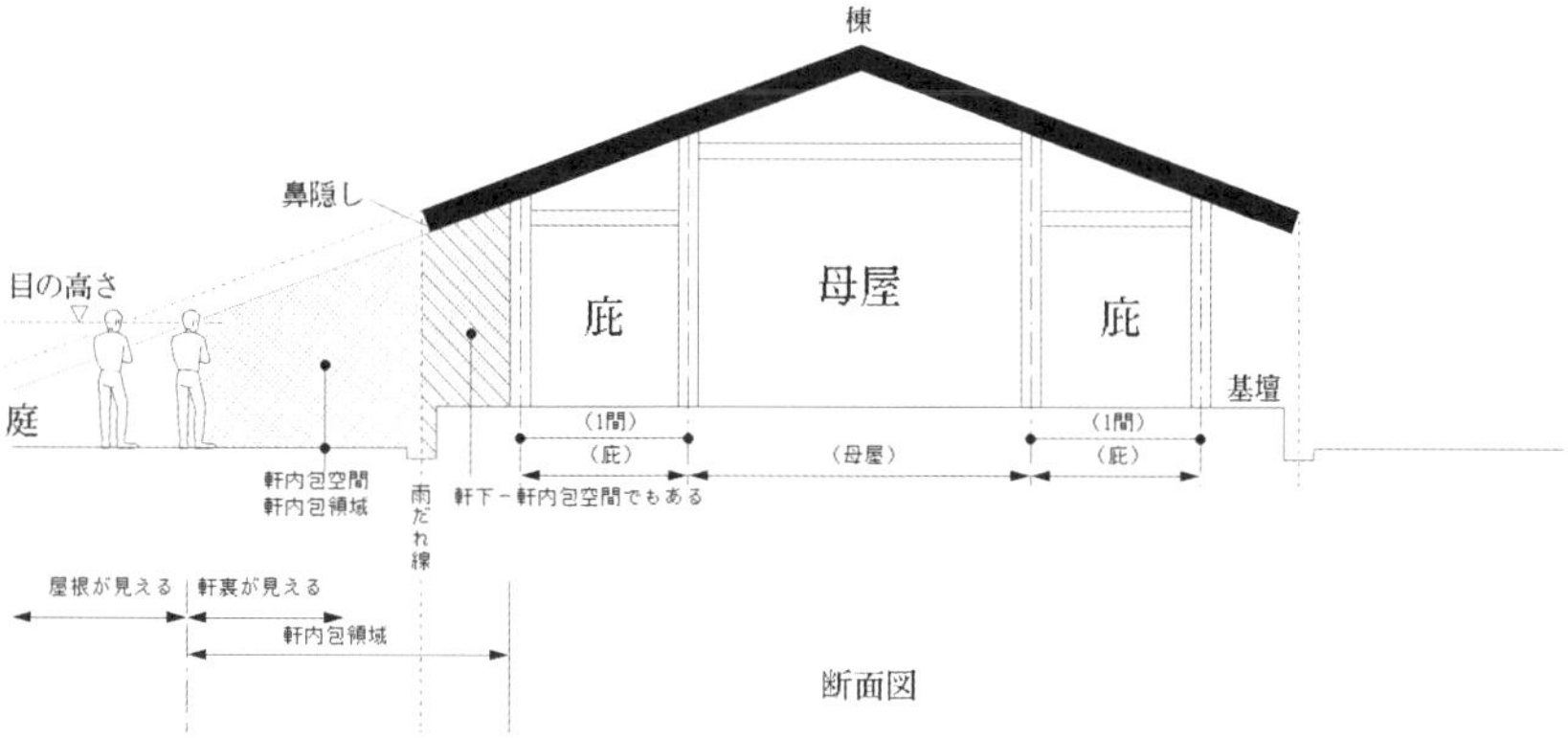

図4 軒内包空間・軒内包領域

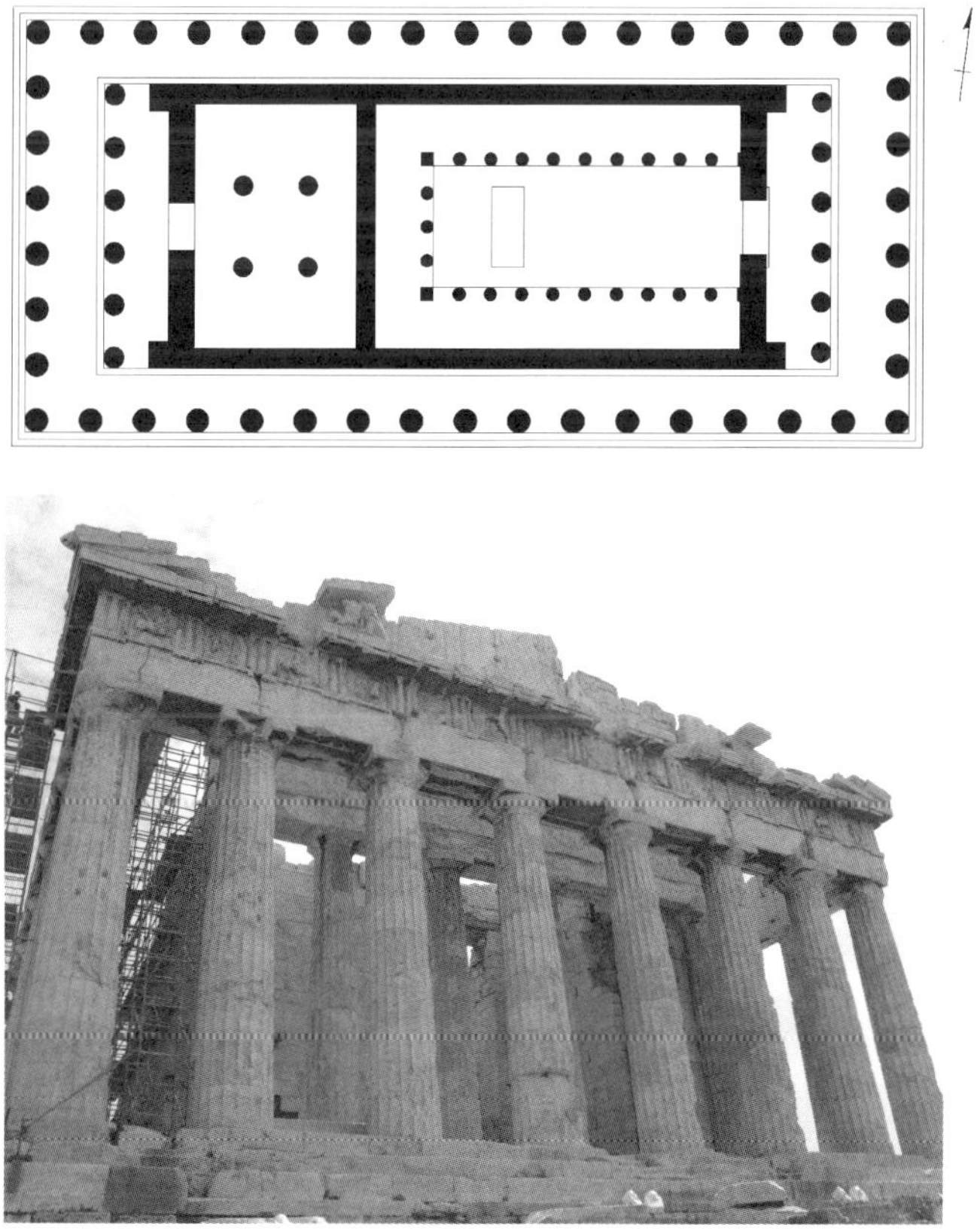

図5 アテネのパルテノン神殿（上 平面図）

図6　浄土寺浄土堂　一一九四（断面図は、日本建築学会編『日本建築史図集』彰国社、一九八〇）

パルテノン神殿は神殿四周を取り巻く階段に、基壇性を見てとれる。日本の基壇は段が全周を取り巻くことがなく、正面性を保ちつつ、正面に部分的に限定された段（階段）で地面と基壇上が繋がっている。このことは日本の建築空間へのアプローチ（例えば参道の石畳や飛び石など）が限定されていることの現れである。

つまり日本の古典建築は非常に方向性が強く、基壇上への動きも限定されている。パルテノン神殿も建物自体の方向性は強いが、そこへのアプローチは多少斜めに近づいていっても方向性にゆとりがある。プロピライア（門）からパルテノン神殿へは斜めにアプローチしていく（図1、図2）。階段が全周を取り巻くか否かで、こうした方向性の許容範囲に大きな差が出てくる。

古代ローマ神殿になるとメゾン・カレ（ニーム、前一九頃、図7）の場合、最初は正面と側面各一ヵ所ずつ階段があったのが、後に正面の大階段だけに絞られ、同じ平面形、あるいは形であっても正面性が強調される。独立柱の列柱も前面だけとなり、あとは後方および背面の壁は付け柱（円柱）の納まりとなる。このことは古代ローマの時代、すでに正面性が強

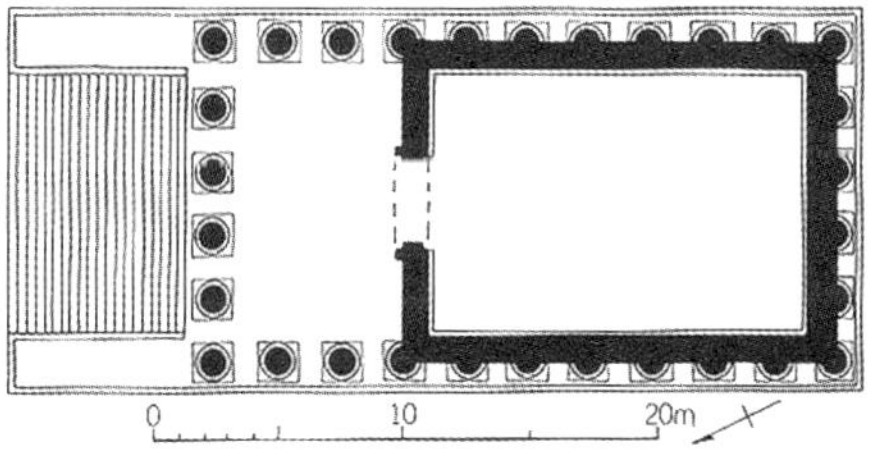

図7　メゾン・カレ、ニーム　前一九頃（日本建築学会編『西洋建築史図集』彰国社、一九八一）

まっていたことの証左といえる。マテル・マトゥタ神殿（フォルトゥーナ・ウィリリスの神殿、ローマ、前二世紀）も階段は正面の大階段だけである。古代ローマが古代ギリシャより建物が過密化していたこともその理由に挙げられる。古代ローマ、フォルム・ロマヌムの復元図（図8）には、この形式の神殿平面がいくつも見える。ルネサンスはこうした古代ローマ神殿の正面性の強いことを知っていた。

ギリシャ古典建築とローマ古典建築の違いの一つは、ローマにおける建物の過密化である。しかしローマはまだルネサンスほど隣の建物が接しているというわけではなく、古代の奥行きの長い、あるいは広いプラン（平面）のまま狭小な敷地に詰め込まれた。近接した建物どうしが及ぼす緊張感がそこに現れる（図8）。そのために正面性が強調されていくのである。

古代ギリシャ神殿は四面を見せようとしている。アクロポリスの丘の上に登っていくとき、プロピライア（門）を抜けるとパルテノン神殿が望める。しかし両者の軸線が振られているため、まず見えてくるのは神殿の北西の角（正面と側面の両面、図1）でコーナーの整合性を見せている。つまりプロピライア（門）とパルテノン神殿の位置、両者の軸線がこのコーナー・ディテールの完結性を見せるために振られているのだ。そこに視覚を意識したギリシャ古典建築の特性が見てとれる。

四面を見せる立面構成の整合性を記したが、パルテノン神殿（ギリシャ神殿）においては正面と側面の違いがはっきりしている。正面は偶数本（八本）、側面は奇数本（一七本）の柱が建つ。つまり正面は真ん中から柱に邪魔されることなく入っていけるが、側面はそうではなく、そもそも真ん中から入ること自体が拒絶されている。多くのギリシャ神殿の柱において、正面・側面の偶数・奇数の関係はこのように扱われている。[*3]

*2 偶数・奇数に関してはヴィトルヴィウス『建築十書』に「正面の階段は常に奇数であるように定められべきである。なぜなら、右足で第一段を登る場合、同じく聖所の頂面にも最初の足が置かれなければならぬから」という記述があるが、当時から偶数・奇数は意味と深く関わっていると考えられていたのである。

*3 テルモンのアポロン神殿（正面四間、側面一四間、前六三〇〜六一〇）など少ないが例外もある。

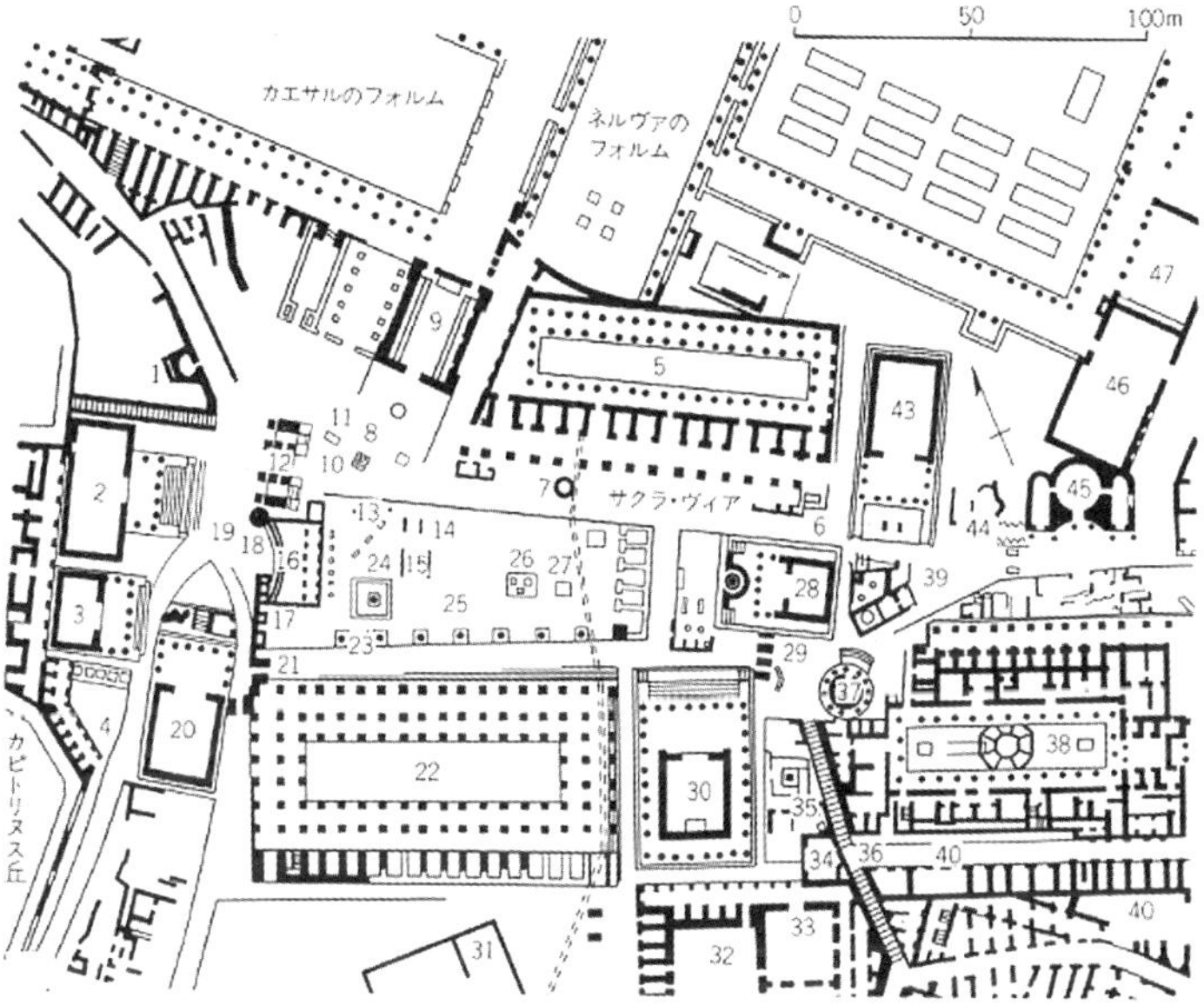

図8　フォルム・ロマヌム平面図
（日本建築学会編『西洋建築史図集』彰国社、一九八一）

アクロポリスに建つ四つの建物

エレクティオン（前四二一～四〇五、図9、図2）は高低差のある地面に建てられているためもあってか、非常に複雑な立面をしている。床の高さも各区画ごとにすべて異なる。また西面以外の各面に列柱廊があるが、各面がすべて違う形である。これはパルテノン神殿が四方の立面を統一しているのとは全く違う。北と東に玄関ポーチがあり、南側のポーチはすべてのカリアティッド（少女像の柱）が、このアクロポリスの正殿であるパルテノン神殿の方向に向き、片膝を曲げた姿でエンタブレチュア（柱が支える水平材）を支えている。少女像は一方向を向いた立像であるから、古典的コーナー・ディテールは完結していない。そうした意味で方向性を持っている。

プロピライア（門）とパルテノン神殿の軸線が振られていることを前記したが、プロピライア（門）に対しエレクティオンの軸線も反対方向に振られており、両建物（パルテノン神殿とエレクティオン）の間を通っていく観察者にはパースペクティブな視線が強調される（図2）。

エレクティオンではまず、カリアティッド（少女像の柱）で支えられたポーチのコーナーを見ることになる。カリアティッドは少女たちの顔が一方向を向いているから、このコーナーの扱いはパルテノン神殿のコーナーの扱いとは全く違うことを、つまり二つの建物が異質であることをあらかじめアプローチする視線上に呈示している。その他のポーチはイオニア式オーダーであるが、このオーダーもヴォリュートという渦巻き形の装飾があり、他の柱とは異なったディテールとなる。隅角部の渦巻きが曲がりコーナー・ディテールをゆがませる（図10）。入口もいくつかあって一方向を向いているのではない。この建物は変化に富んだ床高、形姿、細部の納まりなど細部の多様性とその混成を求めているように見える。

アクロポリスの丘はもともと平坦な丘ではなく、パルテノン神殿の平らな基壇を据えるのに、巨大な基礎が築かれている。しかしエレクティオンの方は敷地の高低差のあるままにされているのが不思議だ。全く空間に対する意図性の異なる建物であり、むしろその違いを見せている。エレクティオンではパルテノン神殿の方法ではなく、その敷地の高低差が利用され、特異な空間がつくり出された。

ルネサンス期で高低差を表現している建物がヴィラ・ジュリア（ローマ、ヴィニョーラ、

図9　エレクティオン　前四二一～前四〇五

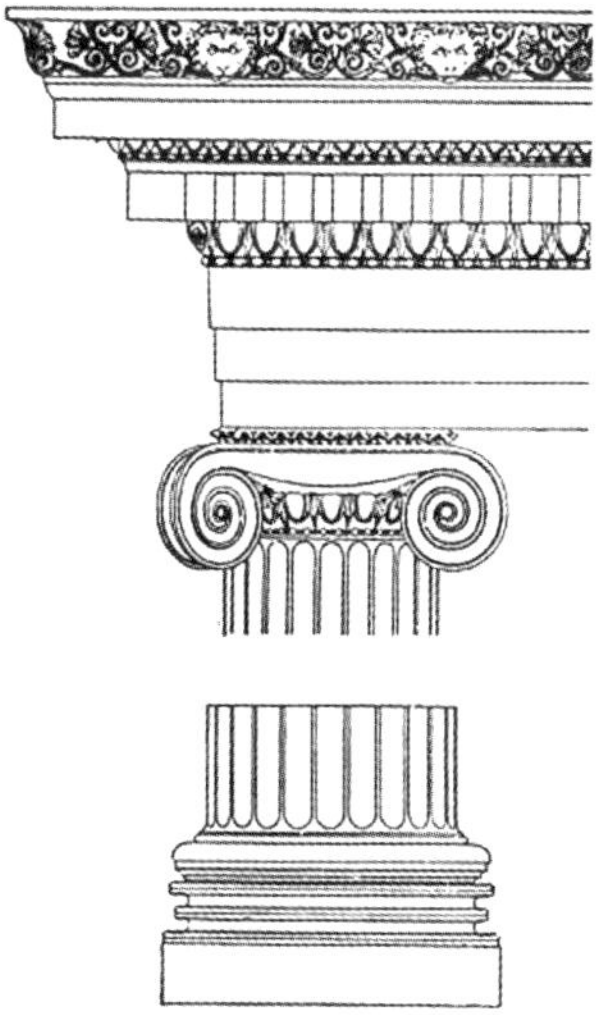

図10　イオニア式オーダー（プリエネのアテナ神殿）左側の渦巻きが歪んで見える（日本建築学会編『西洋建築史図集』彰国社、一九八一）

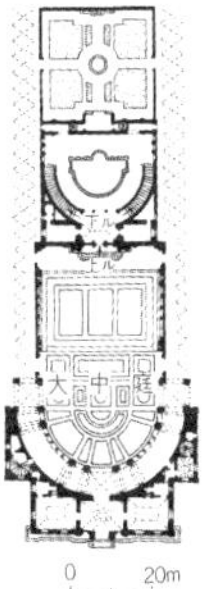

図11　ヴィラ・ジュリア（ローマ、ヴィニョーラ、一五五一起工）（日本建築学会編『西洋建築史図集』彰国社、一九八一）

一五五一起工、図11）である。中心軸線、正面性、ヴィスタなど、さまざまに工夫されている。平面上は強い中心軸性を持ちながら、人が歩き進むにつれ、その軸線性が裏切られていく。ヴィスタも前に拡がるばかりでなくたびたび変化し歪み、浮き沈みしていく。奥方向とは逆方向（入口方向）へ視線が振り返られる場がある。読まなければならないのは高低差の続く全体の断面である。

エレクティオンの各面がすべて違うと記したが、この複合的に構成された建物はどちらを向いているのだろうか。人像のあるところの立面は正面性がはっきりしている。それは人像が向いている方向である。コーナーの柱は人像であるため、両方を向くことができないからだ。イオニア式オーダーでは隅角の渦巻き部分（ヴォリュート）を曲げて辻褄を合わせたが、人像ではそうした操作は不可能である。双頭の顔にすると現実にはありえない存在となり、グロテスクにつながる。古代ギリシャの神殿が求めたものではない。[*1] その他の部分も列柱、ペディメントを見ると、この建物はパルテノン神殿と異なる方法ですべての方向を向いている。

アテナ・ニケ神殿（図12、図2）もパルテノン神殿と異なり、正面と側面でデザインが全く異なる。イオニア式の円柱のある方向が正面で、側面は壁である。イオニア式であるからコーナーの柱頭は歪む。ただし、エンタブレチュア（柱が支える水平材）は四面を廻っている。

パルテノン神殿は平面形あるいは立面形（切妻）によってどちらが正面かを示しているが、コーニス（軒蛇腹）から下の立面においては長さ、柱割りを別にすれば納まりは四面同じと言っていい。

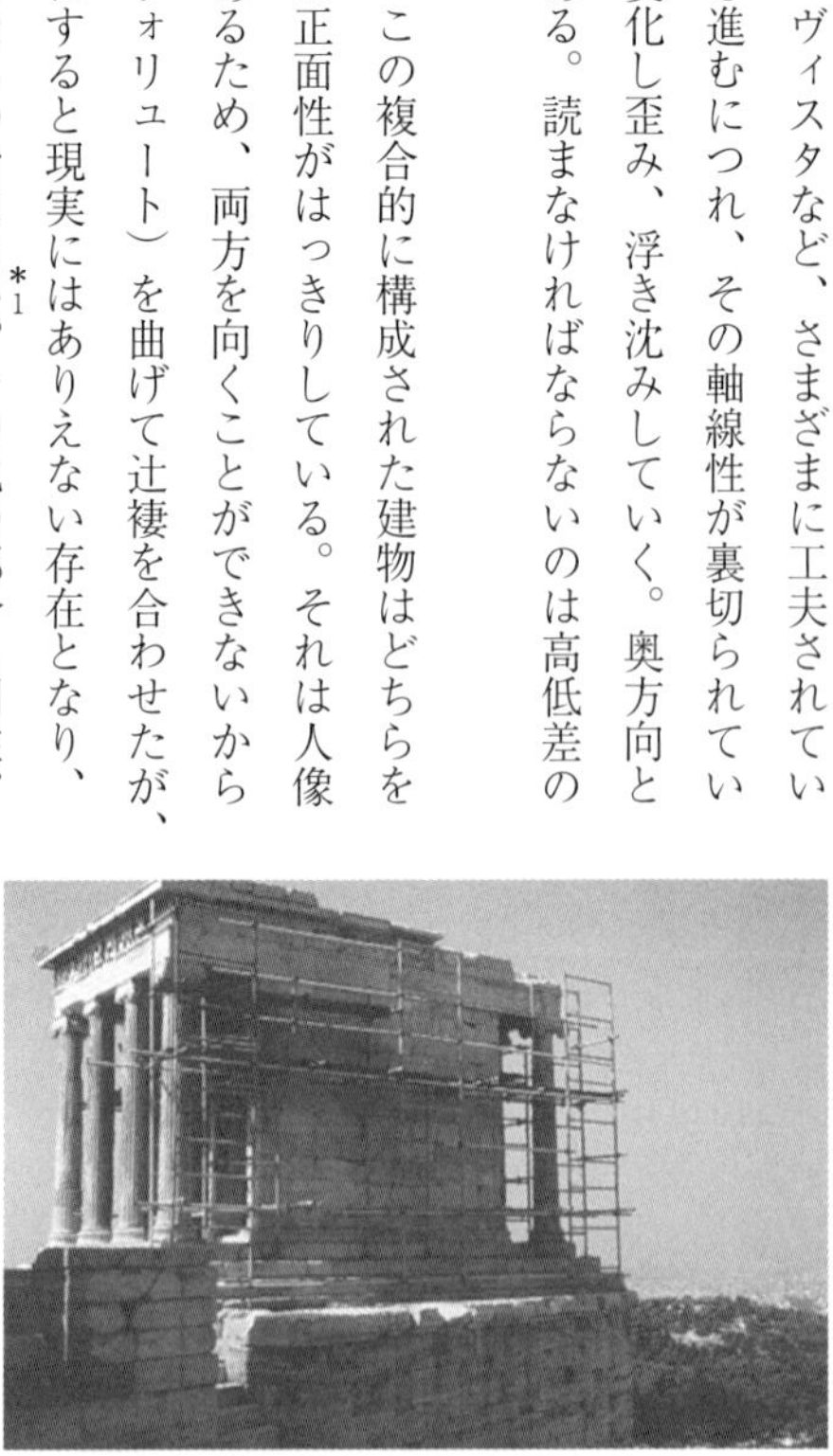

図12　アテナ・ニケ神殿　前四二七～前四二四頃

＊1　「グロテスク」の節で述べるが、ギリシャ神話においてグロテスクを閉じ込めたものは神殿ではなく迷宮である。

プロピライア（門、図2）はその他の三つの建物と異なり、人を通り抜けさせる。通り抜ける部分である中央の柱間《ベイ》はその他の柱間より目立って広い。アクロポリスの丘の上で、中心軸線上を人が通り抜けられる平面をしている建物はプロピライアを除けば一つもない。しかもその通路が正面から唯一アクロポリスの丘の上に出られる道であった。このプロピライアをくぐってから見られる丘の上は、聖域のそれぞれの建物が生み出す空間の意図性と深くつながっていたと考えられる。丘の上の神聖化が強められ、見上げられる丘の上、そこにたどりつく唯一の道、唯一の門から入る丘上は、ギリシャ神話における神々の場と見えたであろう。

アクロポリスの丘の上に建てられた四つの建物（パルテノン神殿、エレクティオン、アテナ・ニケ神殿、プロピライア）はみな形式を異にしている。アクロポリスの丘の上は、都市国家（ポリス）アテナイの守護神アテナを祀る場であり、そのための建物群を見せる場であった。丘の下からも仰ぎ眺めることができた。そこにそれぞれ異質の建物を建てている。各々の建物が、異質であることが必要であったのではないか。おそらくこの丘の上では建築の形式、空間に同質性でなく異質性が求められていたのだ。

これを見ていると日本の家屋文鏡[*2]（四世紀頃）に描かれた四つの互いに異なる建物の存在が思い起こされる。丘の上ではなく、鏡の裏面に四つの互いに異なる建物が表現されていた。たまたま両者が四つであるのは偶然であるが、これらは一つひとつの建物の異質性を表現していることで共通性がある。

表現する場として、丘の上と鏡面との比較も、パラディオは『建築四書』のなかで神殿を建てる場所は「きわめて高い場所、土地の中央、また岩の上[*3]」であって、そこは「信仰心と

＊2　拙書『日本の建築空間』新風書房、一九九六

＊3　桐敷真次郎編著『パラーディオ「建築四書」注解』中央公論美術出版、一九八六

荘重さをもたらす[*3]」場と記しているが、日本の鏡も古墳（佐味田古墳）という小高く造られ、その地域の中心であり、そうした意識が持たれた場所から出土している。いずれにしてもアクロポリスの丘の上は聖なる空間を表現する場であった。

すでに古代ギリシャにおいて、建築形式の違いが最も重要な場、アクロポリスで明確に呈示、表現されていることは、建築形式の重要性を意味している。日本の家屋文鏡も古墳時代の初めの頃のものと見られているから、日本に初めて強大な大和政権が生まれた頃である。この時代、すでに建築形式の違いが強く意識されていたのである。人間にとってあるいは権力者にとって形をつくること、新しい形をつくることがいかに重要であったか、つまり家の形が権力の象徴であったことを示している。

ルネサンスはこのギリシャの四つの建物の相互の異質性を理解していたであろうか。ルネサンス期は主に古代ローマの神殿、遺跡、古書などが研究され、ギリシャ神殿そのものを知らなかったと言われている。

ルネサンスは正確には知らない古代文明を求め、解釈し、正確に知らないがために自由であり、ルネサンスを生んだと言えるのかもしれない。

西洋建築の柱

日本建築の柱は途中で横方向からの力を受けることが普通である（図13）。例えば、大仏様では柱の途中に梁、貫、肘木が何重にも取り付き構造を支え、それが外観に現れている（図6）。

西洋古典建築では、柱は柱頭で梁などの上部構造を受けることが基本である。柱はひとつの上部形式を支える形式なのだ。途中で、あるいは二重に支える形式ではない。オーダーがそうだ。一本の柱、あるいは柱頭はひとつのエンタブレチュア[*1]（柱が支える水平材、図5、図14）しか支えない。ルネサンス期においてもこのことは守られる[*2]。

特にルネサンス期は、この柱とエンタブレチュアで囲われた間（壁面あるいは開口）をプロポーションよく納めることが追求された。

ジャイアント・オーダー[*3]であっても柱は途中で梁を受けることはない。途中に梁をつけるときは、その梁を受ける柱を柱間の内側にもつ（カンピドリオの丘の上のコンセルヴァトーリ宮・ヌオヴォ宮、サン・ジョルジョ・マッジョーレ聖堂、図81）。

このことが壁面構成に当たってコーニス（蛇腹）という横の区画「横線」が造形的にも有効に働く理由である。

ペディメント

古典建築においてレーキング・コーニス（傾斜コーニス）と水平コーニスで囲われた三角形の部分がペディメント（テュンパノン、タンパン）である（図14）。切妻屋根の妻側頂部である。そのトップは古典建築では建物の頂部を形成する。水平コーニスはエンタブレチュアの頂部にあり、その上の部分（ペディメント）とを見切り、区画する。

しかし水平コーニスとレーキング・コーニスは三角形につながっていない。両者の間は見切られており、水平コーニスが優先される（図14、図45）。レーキング・コーニスは屋根を見切る意識が強い。ともに上・下を見切る特性を持っている、ということは、ペディメントは水平コーニスとレーキング・コーニスが上・下を見切ったあとに残った部分だということだ。

*1　エンタブレチュアは柱が支える下からアーキトレーヴ、フリーズ、コーニスで構成される。

*2　例外としてサンタンドレア聖堂ファサード両脇の壁があげられる。

*3　Giant Order（Colossal Order）。柱が地上から複数階まで立ち上がっているオーダー。

図13　法隆寺伝法堂　七六一以前

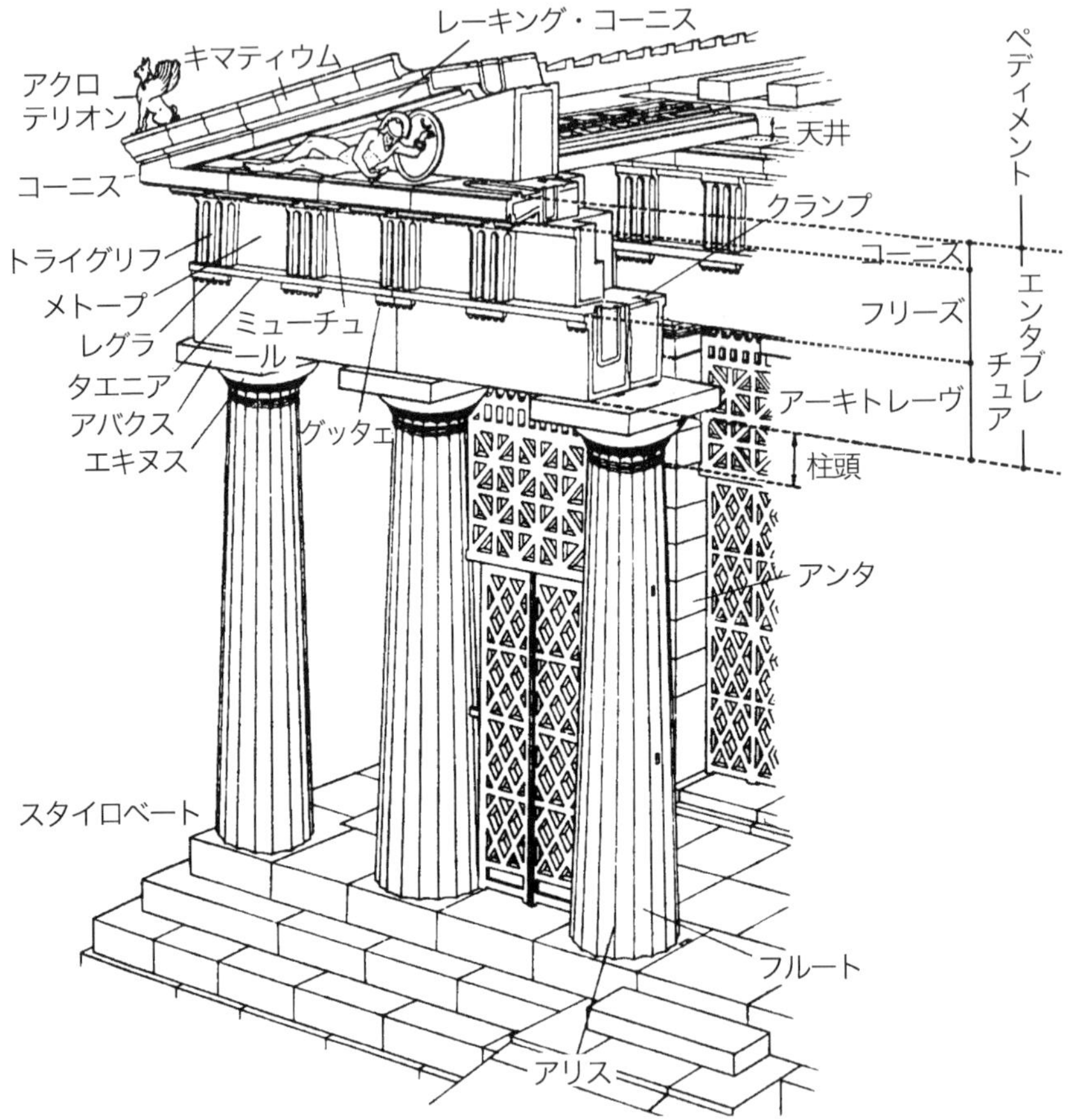

図14　ドリス式オーダー各部の名称（アエギナのアファイア神殿、前五世紀）（日本建築学会編『西洋建築史図集』彰国社、一九八一）

結果としてその三角形の形に象徴性があったために形態上重視された。

ペディメントは屋根の妻側で石造だが、屋根自体は木造であったと言われている。ただし、ヴィトルヴィウスも記していることだが、古代ギリシャ・ローマの木造小屋組については正確にはわかっていない。

古典ギリシャ建築がペディメントや柱にこだわることは、家形の原型、木造の建築を意図的にシンボライズすることになる。家という概念を形にどう表すか、人間が建築空間をつくり続けるに当たっての課題であった。

ギリシャ神殿を見ていると柱と梁（エンタブレチュア＝アーキトレーヴ＋フリーズ＋コーニス）だけでなく、ペディメントという屋根の山形の切妻を見せようとする。それは屋根の断面をも暗示し、それが正面だと主張する。屋根の形がはっきりと理解できるからだ。古典のファサードを採るルネサンス建築も、教会堂を除き、パラッツォではあまり屋根型を見せることをしない。その分、ファサード、壁面構成の見え方、表現が問題とされる。ヴィラは廻りが広々としているため、パラディオに代表されるように屋根型を主張するものが多い。

古代ローマの建築

ヴィトルヴィウスの建築書

ヴィトルヴィウスは紀元前一世紀頃（古代ローマ）の人と言われている。ヘレニズム[*1]文化の影響が強い時代であった。彼の『建築十書』は紀元前二〇～三〇年前後に現れる。日本では弥生時代（前四世紀～紀元後三世紀）の半ばには書かれていたことになる。これほど古い

＊1　ヘレニズム（前三三四～前三〇）。アレキサンダー大王の東征からローマのエジプト併合（ローマ初代皇帝アウグストゥス）まで。

時代に、精緻な建築書があったことに驚かされる。この書は、ルネサンスにとって、古典知の宝庫と言える書であった。それほど多分野のことが書かれている。特に建物を成立させるための非常に多方面にわたる記述である。

建築の比例だけの本ではない。まず「建築家の知識は……制作と理論から成立つ」から始まり「制作とは実技を考究することであり、……理論とは作品を比例の理によって証明し説明[*2]」することであると説く。

書いてあることを思いつくままに記せば、建築はもちろんのこと、存在、物質、人体、地質、天体、材料、技術、工事、道具、戦争、哲学、音楽、絵画、数学、幾何学、土木、職能、比例、機能、衛生、化学、納まり、工法、機械、工作、気候、時間など「万能」と言えるほどの能力が求められている。

この書の基本である建築については、「建築術の部門は三つある。すなわち建物を建てること、日時計を作ること、器械を造ること[*2]」と記され、そこに「強、用、美」が求められる。さらに建築家に求められることとして「建築家は文章の学を解し、描画に熟達し、幾何学に精通し、多くの歴史を知り、努めて哲学者に聞き、音楽を理解し、医術に無知でなく、法律家の所論を知り、星学あるいは天空理論の知識をもちたいものである[*2]」と記されている。

復刻、翻訳されたのは一四八六年以降とされている。ルネサンス期にアルベルティ（一四〇七～七二）によって注釈書が出された。つまり千五百年ほど眠っていたことになる。正確には修道院の中では読まれていた。パラディオ（一五〇八～八〇）も古代ローマ建築、『建築十書』を研究している。

ヴィトルヴィウスの言う比例には理由がない。ただ「シンメトリア、symmetria」（「シュ

＊2　森田慶一訳註『ウィトルウィウス建築書』東海大学出版会、二〇〇四

ムメトリア」[*3]）であるからだと繰り返される。ヴィトルヴィウスが記しているのは「個々の部分から全体の姿にいたるまでが一定の部分に照応することである」[*2]ということだ。

ある比例関係で全体が成り立っていればよいとは記されているが、その「ある比例」とはどのような比例なのかはヴィトルヴィウスが決めている。美しい比例があるのではなく、建築家（設計者）が見つけ出さなければならないということである。もちろん、『建築十書』に書かれた比例は、ヴィトルヴィウスが「シンメトリア」と認めている数値である。比例は絶対ではなく、彼も「敷地の性状や建物の規模」によって比例を調整すべきであると記している。

人体の各部の比例[*4]は自然が生み出したものだから正しいと考え、それを基準とした。「完全」という意味が数学的にも探られた。壁面における比例が、数学的比であったり、幾何学的原理（関係）であったりする。

また数においても「六は一、二、三を約数としその総和でもある」（完全数）、「人間の足は背丈けの六分の一」などが参照されていく。しかしそれを建築にスケール変換していくとき、何を根拠にしているかは記されていない。

人体の比例と建築の各部の比例との間にどんな大きさの関係があるかは記されていないということである。それは人体の比例を採っているとしても、建築空間を人間の大きさに合わせているわけではない。対象が神のための建築であったり、都市の記念的な建物であったことが一つの理由であろう。ギリシャ神殿の中にも、比例を考えられていながら、人間の大きさからすれば巨大な神殿がいくつもある。それはパルテノン神殿の比例と異様なほど違っており、また大きさ（全体、部分）もはるかな違いがある。

*3　森田慶一訳註『建築十書』の「註」には「シンメトリア」の意味することは「一般的には建物も含めて物一般の全体および部分が計測的にある基本尺度単位で算数的に割り切れる単純な比例関係を保っていること」と「量的秩序一般に関する原理」とある。

*4　古代エジプトでも人物の絵はグリッド割りの下書きをし、その上に拡大して描かれていたという。ここでも人体の比例が考えられていたのだ。

ギリシャ神殿の階段は人が昇降するには段差が大きく、段上の建物との造形的なバランスで設定された寸法であり、神のための寸法と言われるが、これもこの時代の比例がヒューマン・スケール（人間的な尺度）ではないことを示している。[*5] 日本の寺院建築における階（石階、木階）は、人が昇降することが考えられている。

人体の比例を、古典建築にスケールを変えて、実際に建築空間を存在させるために適用することは、ただ比例だけの問題ではない。比例だけを決めても「シンメトリア」が必ず起こるわけではない。また大きさ、寸法（dimension）の問題が解決しない。

『建築十書』における比例についても、この比例にすべきであると言っているのであって、つまりヴィトルヴィウスの比例[*6]といってよい。それが普遍的な比例としてあるわけではない。すでに述べたように日本の木割りとは違うものである。

古代ギリシャ建築は組積造[*7]であった。古代ローマでコンクリート造が発明された。このコンクリート造は、コンクリート打放し仕上げで表現されることはない。石やレンガの型枠が積まれ、その中にコンクリートを打ち込んでいるから、型枠の石、レンガが組積造であり、それが建物の表現として現れる。さらにその上に仕上げが施されることもあった。

このコンクリート造に鉄筋は入っていない。圧縮の力に対しては強いが、引っ張りの力には組積造と同じく弱い構造体であった。

鉄筋を入れ、圧縮力だけでなく構造体の中に起こる引っ張る力に対しても強度を持たせることができるようになったのは、鉄筋コンクリート造が発明された近代からである。このとき、建物の重さに耐えるだけでなく地震や風圧という水平力に耐える構造体が現れた。[*8] そのため地震のある地方や高層建築に使われ、近代建築が世界中に拡がっていく大きな契機とな

＊5　ただし、古代ローマではヴィトルヴィウスが『建築十書』で、階段の「蹴上げ寸法」を人間が「登るに苦しくない」高さ（「六分の五ペースより厚くなく四分の五ペースより薄くなく」）にすべきことを記している。ここに寸法において機能が現れる。ただしこの「ペース」も足の大きさで「背丈けの六分の一」と比例で捉えられている。

＊6　「建築家にとって、建物が一定部分を用いた比例によって割付の正確さをうること以上に、これにも増して心を用いなければならぬことは何もない」（『建築十書』）

＊7　石造の柱・梁構造（まぐさ構造）は別だが、一本の石でつくられた柱でなければ柱も一個、一個の石が積み重なった石積みである。

＊8　近代に現れた鉄骨造も圧縮と引っ張りに耐える構造体であった。

った。国際建築（インターナショナリズム）という考え方もこうした構造体が現れなければ成立しようもなかった。

シンメトリー（左右対称）

シンメトリーという言葉には調和、釣り合いのとれたという意味と、左右対称という意味がある。ヴィトルヴィウスの言う「シンメトリア」は前者の「釣り合いのとれた」という意味である。この節で話題にするのは後者の左右対称のことである。それは文字通り、真ん中を軸にして左右が同じ形ということである。平面でも立面でもいえる。

シンメトリーについてはヨーロッパ、日本に限らず世界で共通して言えることがある。後

図15　法隆寺南大門　南大門より中門を見る（上から順に近づく）

図16　法隆寺中門

者の意味である左右対称についてだが、日本の寺院建築の門を例に挙げる。門の間口には奇数間（例えば三間、柱は四本、法隆寺南大門、図15）と偶数間（例えば四間、柱は五本、法隆寺中門、図16）がある。どちらもシンメトリー（左右対称）に見える。しかしそれは門を外から眺めているからである。

門にアプローチしてみると、奇数間の門は真ん中から門内に入ることができるので、外から見ているときでも、門を入るときでも、ずっと門は観察者にとってシンメトリー（左右対称）である。ところが偶数間の場合、外から見ていると門はシンメトリー（左右対称）に見えるが門に入ろうとすると、真ん中の柱が邪魔をし、中心から門内に入ることができない。ひとはそこで右に行くか、左に行くか選ばなければならない。門に入ろうとするとき、動線においてシンメトリー（左右対称）ではなくなっている。すなわちものの見え方は止まって見ているのと、人が動いて見るのとでは見え方が変わるのである。

法隆寺西院の回廊に囲われた中門は、門としては異例の偶数間である。遠くからは左右対称に見えるが、近づき門内に入ろうとすれば、どちらかに寄らなければならない。この入りにくい門は、内側からは出にくい門でもある。

つまり偶数間の建物は、観察者（訪問者）がアプローチしていくとき、建物の前でいったん止まり、左右どちらかに行く方向を選ばなければならない。そのとき、観察者は建物に入ることを遮られることによって建物を強く意識することになる。法隆寺西院の中門は、門の前に南大門を含めた建築コンプレックス全体を見せる場を提示しているのである。

白井晟一の建物（秋の宮村役場、原爆堂計画、松井田町役場など）にこの手法が多く使われているのは、人に建物の存在を強く印象づけようとしてのことである。それは白井が建物[*1]

＊1　拙書『白井晟一空間読解』学芸出版社、二〇〇五、参照

図17　パンテオン正面、断面図・平面図（図は、日本建築学会編『西洋建築史図集』彰国社、一九八一）

の存在を強く意識し、それを訪れる人にも意識してほしいと考えていることの現れである。

パンテオン

古代ローマには矩形平面の神殿ばかりでなく、ドームで大空間を覆った円堂形式の建物、パンテオン（前二七、アグリッパ創建、一一八～一二八、ハドリアヌス帝再建、図17）がある。ローマ時代の建物でありながら、ギリシャ的な明快さを保ちつつ表現されていると言われるが、主空間上の半球ドームの中心に円形の開口部（直径約八・九メートル）があり、上から光が降り注いでいる。内部空間は球を内包した形態をしており、その内径が約四三メートル[*1]もあるので、頂部の穴は小さく見える。注いでくる光をこれだけ絞ると光だけが、条光として見えてくる（図18）。つまりパンテオンは普段、見えないものを見える構造にしている。

この建物はドーム天井部分に開けられた開口部によって中心性が強く求められている。光によって照らし出されたこのパンテオンの中心の空間（内部空間）には、古代の透明性が現れている。球を飲み込む形は数学や幾何学など知の原型を表現している。

球体の内部は方向性のないことで特徴づけられる。内部空間には正面性がなく、パンテオンのドーム部分にはファサードがない。しかし玄関柱廊をつけることで、この建物全体の正面が示され、正面性が発生する。円堂の背面は開口のない壁である（図19）。

古代ギリシャには独立柱（円柱）と水平材（エンタブレチュア）で外観を深く刻むことによって生まれた光と影があった。そのことで地上に建物を深く明確に存在させている。古代ローマのパンテオンの内部は、光そのものを見せている。その後、ゴシック教会堂は中心へ

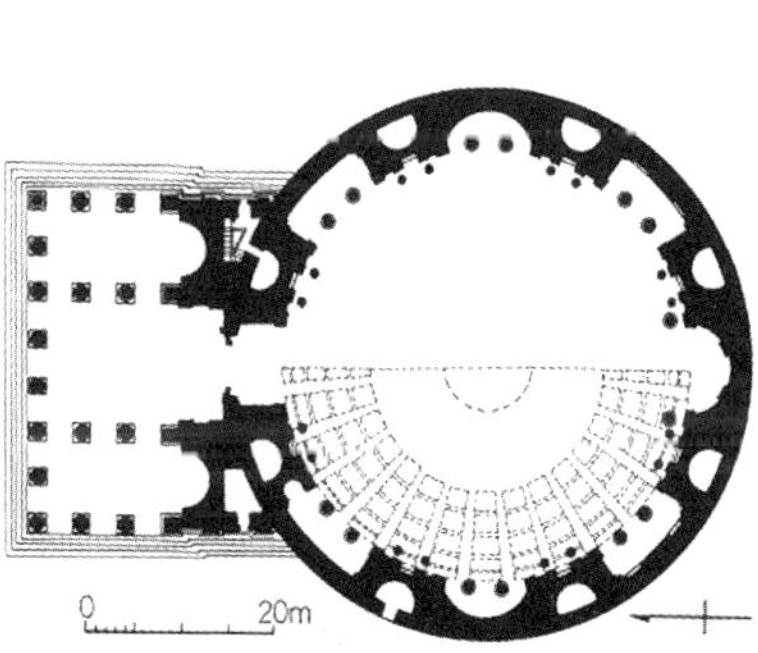

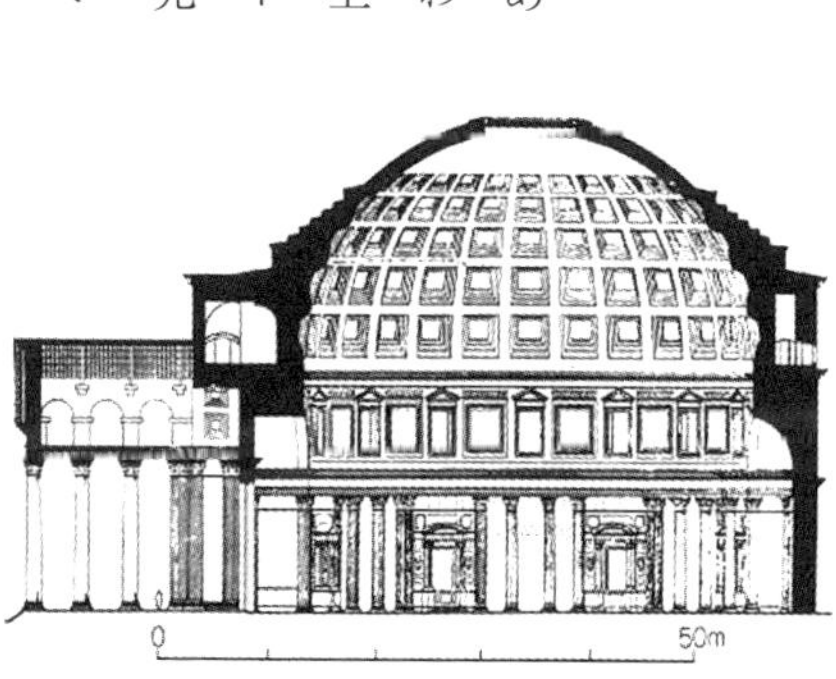

の光を神の光としてシンボライズしようと意図し成功する。光は西洋の建築空間を決定する重要な要素として扱われているのである。そして光は、次第に物神性を帯びさせられていく。

トラヤヌスの円柱

トラヤヌス帝（紀元五三頃～一一七）の円柱（紀元一一三）は、総高さが三八メートル、円柱部の直径は三・七メートルで、その外壁表面には螺旋状にダキア遠征（紀元一〇一～一〇六）の浮き彫りが描かれている（図20）。

日本の絵巻物は柱ではないが、巻かれた状態と拡げられた状態では形が全く異なっている。もしトラヤヌスの円柱の浮き彫りが巻物のように拡げられれば、延々と二四四メートルにわたって描かれていることになる。

その円柱の中は最上部まで螺旋階段が巻き込まれた空間である。柱の中に空間がある。二重螺旋とはこのように実空間としての内部階段と、柱の表面に巻かれた絵巻物のような物語が重ねられることによって生ずる観念的な場合もある。

この円柱に描かれた浮き彫りは、遠すぎて（あるいは高すぎて）実際は観察者からは見えない。日本の絵巻物は目の前の巻物を自分の手で巻きながら見ることが前提とされている。両者は、ただ見ることだけでも方法、状況、距離が異なる。一方は遠くで見上げながら、一方は自分の手で触れ巻き取りながら、見える範囲の内容を見ていく。

トラヤヌスの円柱の方が記念性の高いことは、観察者に対し実際に浮き彫りが見えなくてもよいことが了解されていることからも明らかである。高い円柱というシンボリックな形が、その存在をあたり一面に知らしめている。描かれた浮き彫りの内容は、評判を聞いたり、誰

図18　パンテオン頂部、ローマ　一一八～一二五

図19　パンテオン外壁　一一八～一二五

＊1　このパンテオンのドームの大きさは、ルネサンスのフィレンツェ大聖堂のドーム（ブルネレスキ）、ブラマンテのサン・ピエトロ計画案、そしてミケランジェロによって実現されたサン・ピエトロ大聖堂のドームの大きさにこだわり続けられ採用されている。古代ローマがここでもルネサンスに影響を与えている。

かに説明を受けて解ることである。絵巻物の方は個人（一人）が見る、あるいは読む絵巻であり、そこで内容が明らかにされていく。見せる方法が違うのである。トラヤヌスの円柱は遠くから誰からも見られる巻かれた浮き彫りで、その内容は周知のことで、説明されて確認するか、あるいは内容を詳しくは確認できなくてもよい存在である。

この円柱は塔ではなく、中心が空いている意味では柱でもない。最頂部のトラヤヌス像（一五八八年から聖ペテロ像）を支えている柱でありながら、支えるだけでなく、螺旋の浮き彫り（物語）を見せるために開かれた柱とでも言うべき構築物、シンボルである。

このトラヤヌス帝のときローマ帝国は最大の版図となった。柱の表面に巻かれた絵巻の螺旋は無限に伸びていくこと、天にまで高まること、ローマの権勢、勢力圏が無限であることを象徴している。柱にそのシンボル性を託しているのである。

トラヤヌスの円柱の方法はバロックのカールス教会（カールスキルヘへ、一七一六〜三七、ウィーン、フィッシャー・フォン・エルラッハ）に引用されているが、後記するようにその存在のあり方は記念性から形式性へ変換されている。

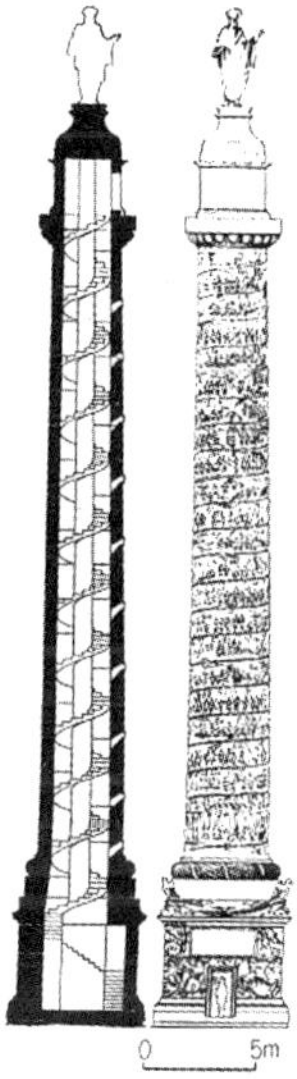

図20 トラヤヌスの円柱、ローマ 一一三（日本建築学会編『西洋建築史図集』彰国社、一九八一）

凱旋門

古代ローマの戦勝を記念して建てられた凱旋門（図21）は、どうしてこの形をしているのだろうか。ファサード全体を見れば、柱とアティック・ストーリー（アティカ、屋階）の形がギリシャ神殿の柱とエンタブレチュア（柱が支える水平材）の形に似ているが、この屋階（アティック）はエンタブレチュア（アーキトレーヴ）のように一本の石でできた梁ではない。組積造であり、それゆえ、その下をアーチという古代ギリシャにはなかった構造体で支えられている。そのアーチをくぐって兵士たちが凱旋した。

トップの屋階（アティック）は門幅いっぱいに拡がっており（セプティミウス・セヴェルスの凱旋門）、献辞で埋められている。現代で言えば、駅前のビル頂部に走る電光掲示板のような役をも果たしていた。

柱（柱型）は壁から出っ張っており、それを頂部でコーニス（エンタブレチュア）が横に区画している。ここでは「横線」は区画のためにある。

柱も付け柱（ピラスター）であって、構造を支えていない。円柱が壁から離れ独立柱であっても、その柱は化粧のエンタブレチュアを支えるだけで屋階（アティック）を支えていない（図21）。[*1]

凱旋門は構造を素直に表現する形ではない。ヴォールトで支えられた構造体に皮膜のように柱形が貼り付いていたり、独立していてもそれは化粧であり構造から離れシンボル化している。

門（門を支える構造体）をくぐることが、柱の間を通って凱旋していくこととなる。この柱の存在は、凱旋門という記念性、象徴性が求められる構築物に、構造を支える以上に、形

*1　古代ローマ時代には、ティトスの凱旋門（ローマ、八二）→セプティミウス・セヴェルスの凱旋門（ローマ、二〇三）→コンスタンティヌスの凱旋門（ローマ、三一二、図21）と時代が下がるにつれ、円柱が付け柱から独立し、主屋から離れてゆく。ルネサンス期では凱旋門モティーフが利用されたファサードは例えばサン・フランチェスコ・リミニ（図65）→サンタンドレア聖堂（図78）などは付け柱の出っ張りが薄くなりファサードが平面化してゆき、それがバロックになると、ファサードの柱が凱旋門形式ではないがサン・カルロ聖堂（図88）やサンティ・ヴィチェンツォ・エド・アナスタシオ聖堂（図92）など再び付け柱が壁から離れようと動いてゆく。柱が壁面を造形する意図性の表れとして使われている。

図21　コンスタンティヌス帝の凱旋門、ローマ（ローマ帝政末期）三一二

が求められていたことの証拠と言える。

凱旋門では「縦線」、「横線」、アーチという「曲線」が、奥行きのない面とも言うべき構成の中で重なり、張り合い、せめぎあう。この門には強い正面性、そして門という概念が持つ領域的空間性、シンボル性が表現されている。

こうした、構造性に従ってではなく、線の構成や形をつくっているところに、アルベルティ（例えば、サン・フランチェスコ、リミニ〈図65〉、サンタンドレア聖堂〈図78〉）を始めとする後のルネサンスの建築家たちによって、凱旋門のモティーフが好まれ利用された理由があると考える。

第二章　中世

中世教会堂建築—ロマネスクからゴシックへ

バシリカ教会堂[*1]

古代バシリカ[*2]の構成を利用しているとされるキリスト教会堂[*3]は中心部（身廊）と周辺部（側廊）を持ち、直接、中心部に光を取り入れる空間構成を、断面を動的に活用することで成し遂げた。身廊と側廊の天井高の差を利用して光を取り込んだのである（図22）。祭壇（内陣）は一番奥に位置した。

ローマのサンタ・マリア・マッジョーレ（五世紀前半、図23）は、三廊式バシリカ型の初期キリスト教会堂である。身廊・側廊構成のシンプルな長方形平面にアプス（内陣）が付き、内部空間は奥に伸びた列柱の上にエンタブレチュアが載り、奥行き方向（「横線」）が強調されている。入口を入って最も奥にあるアプス（内陣）内に祭壇があり、中心とは突き当たりの奥であることが表現されている。

十世紀から十二世紀のロマネスク建築は、多くが三廊のバシリカ形式に袖廊の付いたラテン十字形（十）の平面をとる。つまり十字形の交差部分を持つ。ラテン十字は身廊方向が長く奥が強調される平面なのである。

ロマネスク様式の教会堂において正面両側に塔が建つようになり、双塔構成が現れ、ゴシック様式の教会堂ではその塔の高さが競われ、縦方向が強調された。

ゴシック教会堂への変化は、光の取り入れられ方が徹底される過程でもあった。飛び梁（飛控え、flying buttress、図24）という屋根ヴォールトの側圧を受ける構造が工夫された。

＊1　拙書『建築概論』第三章「日本建築の空間史」、学芸出版社、二〇〇三

＊2　バシリカ—古代ローマ時代、市場、集会場、裁判所などに使われた公共建物。

＊3　キリスト教会堂はローマ皇帝コンスタンティヌス大帝の時、公認（「ミラノ勅令」三一三年）され、以後建てられ始めた。

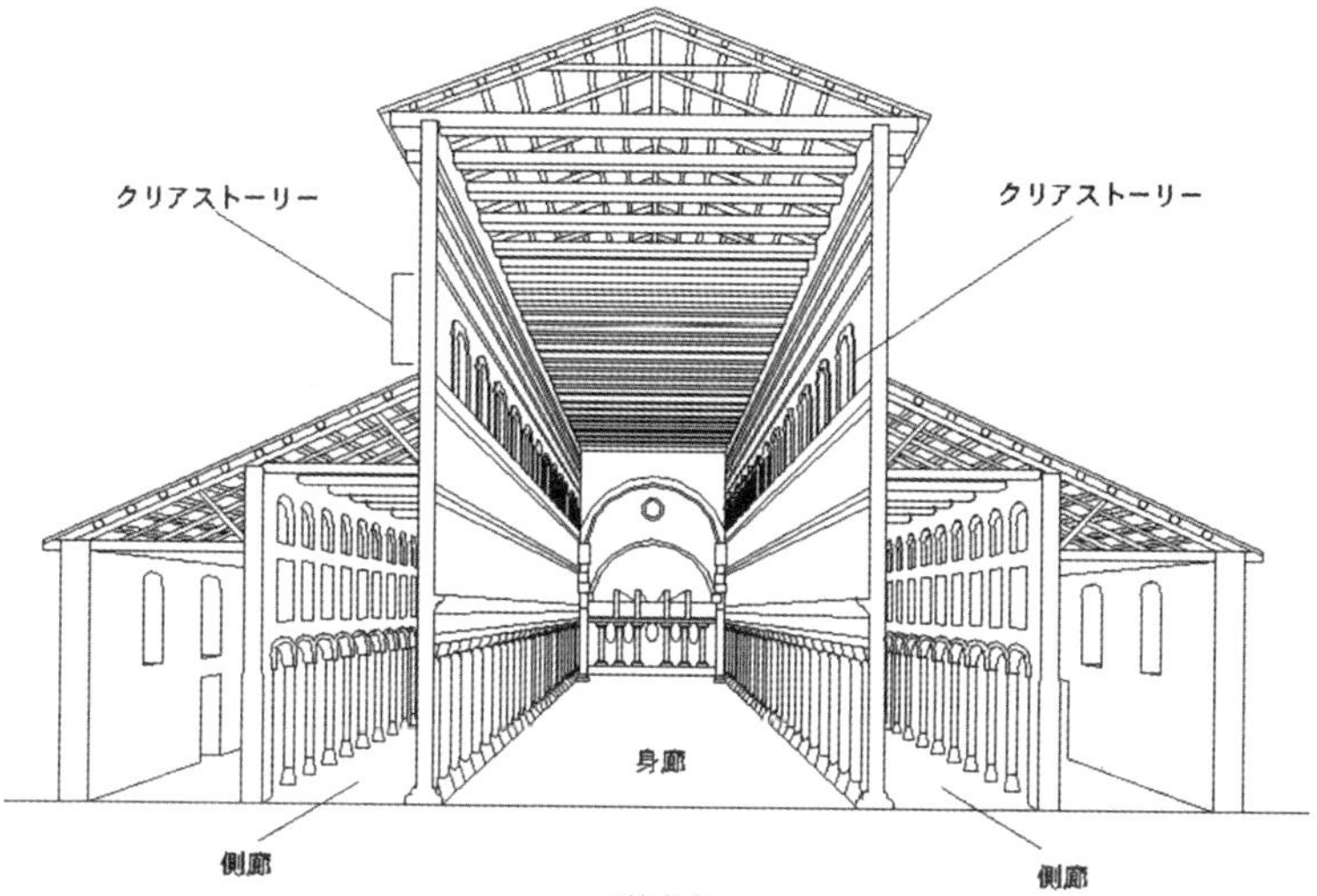

バシリカ

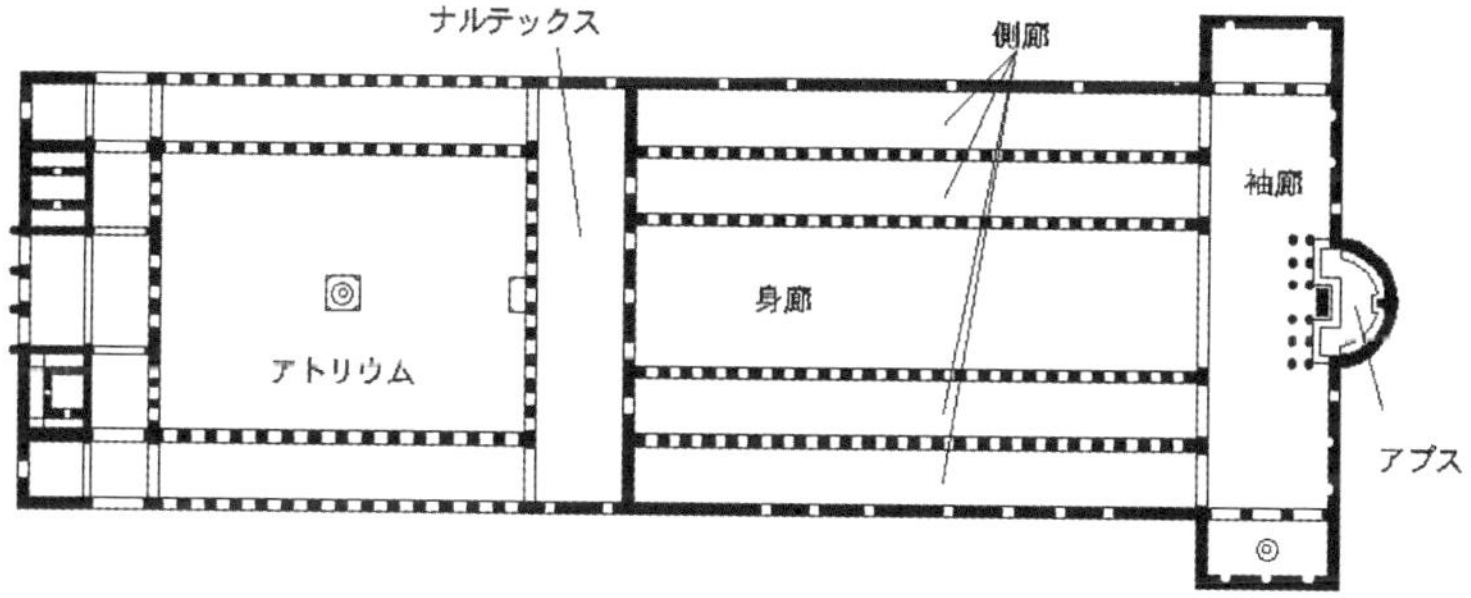

旧サンピエトロの平面と断面

図22　バシリカ教会堂（旧サン・ピエトロ大聖堂、ローマ〈三二〇〜三九〇頃〉）

組積造であるにもかかわらず垂直性が強調され、空間は高く高く垂直に立ち上がっていき、そこから光が中心部へ降り注ぐ。

ヨーロッパにおいて、特にゴシック建築を極めたゲルマンの国々、その高く、深い漆黒の樹々が立ち並ぶ森の中では横からの光はない。期待できるのは上からの光である。それがゴシック教会堂に象徴的に表現されている。バシリカ教会堂からゴシック盛期への動きは柱、またバットレスに力を流して壁量をそぎ落とし開口部化していく空間の透明化の過程である。日本にも上からの光を扱った宗教空間がないわけではない。沖縄の島々、その深い森の中の空き地、御嶽《うたき》は時に上からの光によって特徴づけられる。しかしこれは自然がつくりだした空間であり、建築空間に向かうことはなかった。

また鎮守の杜《もり》は社《やしろ》（建物）のある場所は上から光が入るが、森自体が小さく横からの光も期待でき、ゲルマンの森と違い透明感のある空間であった。

キリスト教会堂建築と光

バシリカ式のキリスト教会堂は、中世を代表する特性をもったヨーロッパ建築物と言ってよい。初期キリスト教会堂はバシリカ式長方形平面（図23）であったが、ゴシック教会堂への過程で袖廊が取り付きラテン十字形の平面となっていく。平面形はロマネスク様式、ゴシック様式では主にラテン十字（十）が採用されたが、後のルネサンス期ではギリシャ十字（十）が求められ大きな違いを見せている。

こうした十字形平面をもつことから、キリスト教会堂はキリストの身体に喩えられている。

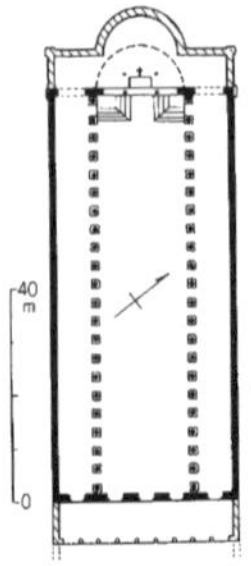

図23　サンタ・マリア・マッジョーレ、ローマ　五世紀前半（日本建築学会編『西洋建築史図集』彰国社、一九八一）

「イエスは自分のからだである神殿のことを言われたのである」
But he spoke of the temple of his body.
（「ヨハネによる福音書」二章二十一節）[*1]

このことはキリストの「この神殿をこわしたら、わたしは三日のうちに、それを起こすであろう」という言葉の後に来ていて、死後三日後に復活するキリストの身体と教会堂が同じであるとされている。キリストが磔にされた十字架が建物表現として表れる。内陣（聖壇）は頭部、身廊＋側廊は身体、袖廊は腕に喩えられた。[*2] 光はキリストに喩えられる。

＊1 『新約聖書—英語改訂標準訳、日本語口語訳—』日本聖書協会、一九六四

＊2 馬杉宗夫『大聖堂のコスモロジー』講談社、一九九一

図24 シャルトル大聖堂とフライイング・バットレス（飛梁、飛控え）シャルトル大聖堂 一一九四起工、一二二五頃完成（鳥瞰写真は、日本建築学会編『西洋建築史図集』彰国社、一九八一）

「わたし（キリスト）は世の光である」
I am the light of the world.
（「ヨハネによる福音書」八章十二節）[*1]

キリストの身体である教会堂に光を入れる構成が追求された。すでに記したように、教会堂建築の形は、中心軸線に沿って中心部（身廊）と周辺部（側廊）を持つ構成とし、中心部に直接、光を取り入れる空間構成を、身廊と側廊の天井高の差を利用して、クリアストーリー（高窓）から採光する方法で成し遂げている（図22）。中心部へ上からの光を集めようとする願望、つまり宗教（キリスト教）また宗教建築の中心重視を、建築空間によって表現しているのである。

身廊・側廊構成が、分節化（アーティキュレイト）し、それを外観からも目にすることができる。身廊の内部天井が高くなればなるほど身廊上部（側廊より上）の壁面が高くなる。それを飛び梁（**flying buttress**）で支え、そこに高窓を開け、できるだけ多くの光を中心部へ取り込んだのである（図24）。

ゴシック教会堂建築と柱

バシリカ教会堂（ロマネスク）からゴシック盛期への動きは、柱またバットレスに力を流して壁量をそぎ落とし、それを開口部化していく空間の透明化の過程であると記した。線状の柱やリブが表現の中心になったのだ。そしてここでは垂直性や高さが優先される。ヒューマン・スケール（人間的な尺度）も比例も求められることはなく、むしろ神のスケールに近づくことが求められた。

ロマネスク教会堂では平面構成、立面構成において柱よりも壁の表現が強く支配している。また前記したようにクリアストーリー（高窓）をとるため、身廊と側廊の高さの違いがあるので外観、桁行方向は棟や軒の水平線が強調される。ゴシック教会堂になると外観も飛び梁によって軒の水平線が弱められる（図24）。その分、垂直性が増す。

ピサ大聖堂（一〇六三～一一一八）の建築群は[*1]、ロマネスク建築でありながらプロト・ルネサンスと呼ばれた（N・ペブスナー）が、それはこれらの建物が洗練され、かつルネサンス以前にすでに古典的傾向を帯びていたからである（図25）。

＊1　トスカナ地方のこれらの建物はローマ、イスラム、ビザンティン、ゲルマンなどの表現をまとめたものといわれている。

図25　ピサ大聖堂　一〇六三起工

ピサ大聖堂内部には古典のコリント式オーダーの円柱が並び、コーニスも途切れてはいるが上・下を区画している。外観にはコーニス（蛇腹、「横線」）が各層はっきりと廻っており、その後の同じ教会堂建築であるゴシック教会堂の垂直線（「縦線」）の強い表現と比較すれば、その差がよくわかる。

組積構造の完成と見られているキリスト教会堂は柱と壁で表現されるが、その柱も壁も同じ組積造でつくられている。

日本では木構造が主体である。柱と壁はまったく違うものとして取り扱われる。木構造における柱と壁は、組積造がつくり出す柱と壁とは別のものだ。日本では柱と壁との間には隔絶した差がある。柱は構造を支え、その後で壁はその間を埋める。柱を建てることが先にあるのだ。ヨーロッパでは石、レンガを積むことが先にある。木構造において柱の繊維は縦に通っている。組積造においては切石やレンガは長手方向を水平（横）にして積まれていく。縦目地を通すことを極力避ける。そこが構造的弱点になるからだ。決定的な差である。

組積造では、石やレンガといった材料で出来上がった構成物が柱であり壁となる。西欧教会堂建築におけるロマネスクからゴシックにいたる変遷は、柱と壁でできていた構築物の壁面を極限までそぎ落とし、柱状として高く、天にまで届くような勢いで伸ばし、それだけで屋根やヴォールト天井を支えようと努力した結果である。

そして平面には柱だけが残った。そう見せようとした。ロマネスクからゴシック盛期へは、柱の大きさ（太さ）を同じにし、見え方もそろえた空間構成[*2]を図り、内部には壁がなくなる。それは柱と壁が合体し、それを柱の姿として表現したと言い換えてもよい。盛期ゴシックは林立する柱の空間だ。しかしそれは組積造の空間である。西欧の壁が強調されるが、ゴシッ

＊2　初期ゴシック教会堂の六分ヴォールト（側廊柱間二つ分が身廊の一単位）から盛期ゴシック教会堂の四分ヴォールト（側廊と身廊の柱間が一単位で各々見合う）への移行も同じである。

クへは壁が柱に変身していく過程でもある。壁を聖化あるいは造形化して柱にする行為は、柱に象徴性を見ていたことになる。

近代建築における「ピロティ」という考え方も、同じ大きさ（太さ）の柱によって拡がる空間がイメージされている。この考え方は、上述した組積造の壁から柱への経過を確実に継承している。ル・コルビュジエの近代建築五原則の第一にあげられた「ピロティ」は、ゴシックにおける壁をそぎ落としていく方向の流れ、またゴシック盛期の柱の空間を引き継ぎ、近代へ向けて新たな可能性を呈示したのである。

また西欧キリスト教会堂においては、構造としての柱、壁ばかりでなく、柱や壁に施された付け柱が直立する柱を表現してきた（図26）。ゴシック様式は基本的に構造表現的であり、そのことが追求され、さらに柱の表現が、付け柱によって強調、特化されていく。一本の柱が多くの付け柱の集積によって強調される。

その結果、ゴシックでは内部、外部の表現に違いが生じる。内部では付け柱やリブ・ヴォールトの表現において構造の合理性を超えていく。一方、外観は飛び梁[*3]（flying buttress、図24）に代表されるように構造形式をそのまま表現している。

つまりゴシックは全体として構造表現が追求され、さらに内部空間においてその細部は付け柱によって構造的表現が極限まで追いつめられる。その結果、構造から解放された内部空間を獲得する。それは重力がなくなったような上方に向けての浮遊感（上昇感）を生み出した。ゴシックにおいて付け柱は装飾ではなく、非合理な方法ではなかったのである。

柱ばかりではない。柱頭から上のリブ・ヴォールトにおいても、柱の付け柱に合わせてリブ下面に断面円筒形のモールディングが付けられ、細身に見せ、石造天井に向けて上昇させ、

＊3　ガウディはこのゴシックの飛び梁ですら「松葉杖」といって批判した。そうした意味でもガウディは突出している。

図26　パリ大聖堂　一一六三～一二五〇頃

浮遊感を増大させている（図26）。それらは石という硬質で重い物質の存在を忘れさせる。しかも構造体における力の流れを表現しているのだ。

この極限まで壁を柱化した結果、パリのサント・シャペル聖堂（パリ、一二四一～四八、図27）は、柱以外はすべて開口部という内部空間をつくり出した。

細部（ディテール）においては、ゴシックの細部は中心に向けて重ねていく。集中して中心に向かって高めていく。細部を全体とつなげてゆこうとする。横（水平）に区切る要素はできるだけ弱められる。ゴシック教会堂の昇華は一つの形式を高めていった結果である。

ゴシックに立ち会う観察者は中心を見ることを強いられる。視線は全体を向いていても、細部に注がれても、いつしか中心に向かっていく。

ゴシック教会堂建築の交差部

ゴシック教会堂建築の交差部は、外観はただ切妻棟と切妻棟とが交差しているだけの場合が多い（図24）。この交差部分の屋根にドームを載せることは、ルネサンス期の建築家が力を注いで工夫したところである。ルネサンスがその交差部分に注目したのは、外部からもその建物の中心を知らせたかったからである。

ゴシック教会堂とルネサンス教会堂を平面においても比較すると、両者の違いが見えてくる。ゴシックでは身廊および突き当たりの聖壇が重視されるが、ルネサンスになるとサンタンドレア聖堂、イル・レデントーレ聖堂、イル・ジェズ聖堂などの平面を見ると、身廊から側廊部分へ視線を向けさせるプランニングとなっている。それはゴシック様式の中心（奥）へ中心（奥）へと向けた空間意識とは異なり、左右横方向への方向性を伴って奥に向かって

図27　サント・シャペル、パリ　一二四一～四八

いく空間構成がとられている。平面全体を有効に使いたいという機能性の重視が現れている。

高さにおいても工夫がなされていく。古代ローマのパンテオンやビザンティン建築であるハギア・ソフィア大聖堂のドームの外観を見ると、ドームが特に突出して高く見えるというわけではない。その後にくるゴシック様式では、もっと建物を高くしたい、高く見せたいと考えたことが理解できる。ゴシックでは内部空間を徹底して高くする試みはなされたが、特にフランスでは十字プランの中心部、交差部全体を外観上も高くする考慮はなされていない。交差部分に明かり採りの塔が立つ場合も、それは高過ぎて、内部から見ると穴、あるいは筒のように見え、内部空間とは言えない。むしろ外観の高さだけを強調している（図26）。

外からはパンテオンも球を内包しているようには見えない。球より扁平な屋根に見える。内部空間に入ったときの高さに対する驚きと比較すれば外観のドームの高さは物足りない気がする。この内観と外観の落差を埋めようとした行為がゴシックを生み、さらにルネサンスの二重殻ドームを生んだと考えられる。

ラテン十字とギリシャ十字

ゴシックの教会堂では、十字プランの交差部に交差ヴォールトをいかに架けるかが重視されたが、ルネサンスではその交差部にドームを載せることに関心がおかれた。

ルネサンスの教会堂建築の平面にギリシャ十字が採られようとするのは、どの翼部からも等距離にある中心部分にドームを架けることができるのが一つの理由である。

中世キリスト教会堂はラテン十字の平面であり、身廊と袖廊の交差部分が進行方向の奥深くに位置するので、正面入口にアプローチしていく参拝者には手前の身廊の屋根が邪魔をして、この交差部がよく見えない。それを目立たせるためにはドームを設け、それを高くする必要がある。しかし内部空間から見たとき、それでは高くなり過ぎる。空間があるというより筒状の穴が空いているように見えてしまう。

ルネサンス期に、ドームをどう見せるかに執着した工夫が生じる。平面形にギリシャ十字を採用すると、前面広場や道などからドームの位置は近くなる。ルネサンスがギリシャ十字を選んだ理由の一つがここにある。ギリシャ十字にすれば交差部はアプローチに近づき、外からよく見えるようになり、平面の中心部を占めることにもなる。しかもさらにそのドームの形を工夫する。

レオナルド・ダ・ヴィンチの集中形式の教会堂のスケッチ群は、中心のドームをいかに外から見えやすくするかのスタディであり工夫でもあった。

さらなる工夫はドームの内部からの見え方である。フィレンツェ大聖堂（ドームは一四一八設計、一四二〇〜三六建造）やサン・ピエトロ大聖堂（図28）の二重殻ドームは内部空間からの見え方、外部からの見え方を違える必要性のあることを明確に示している。二重殻ドームは、ドームの内側からの見え方と外側からの見え方を違えることで、内部から見ても外部から見ても、建築空間としてのバランスをもって見えるようにするルネサンスの空間への解決法であった。

サン・ピエトロ大聖堂で、ミケランジェロはブラマンテと同じギリシャ十字平面を採り、かつ交差部のドームをドラムの上に高く上げ、さらに半長球形としてブラマンテ案の半球形より頂部を高くして外部からよく見えるようにした（図28）。人間の視線がとらえる空間を意識しているのである。

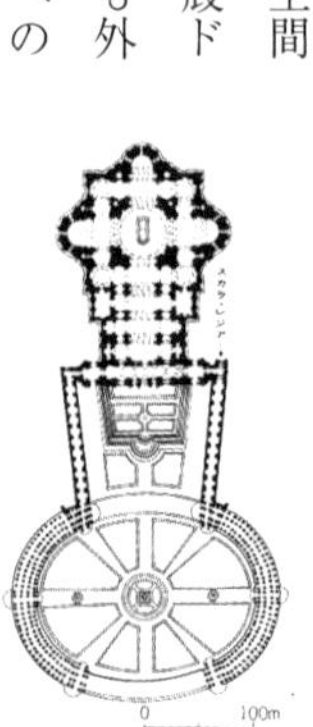

図28　サン・ピエトロ大聖堂（図は、日本建築学会編『西洋建築史図集』彰国社、一九八一）

また内部空間も、ゴシック教会堂が内部空間を高く垂直に立ち上げようとする意識とは、はっきりと異なった意図の下に内部殻がつくられている。ここでも人間の眼が意識されているのだ。構造を表現する意識とははるかに距離をおいている。

ただしギリシャ十字は聖壇を中央交差部に置くと、その背後が使えなくなるので、全体として使い勝手が悪くなる。また聖壇を突き当たりの最奥部に置けば、中央のドーム部分が目立ってしまい、聖壇への意識の集中が薄くなる。豪華な聖壇への集中、このことが反宗教改革を推進した勢力がラテン十字を採用した理由でもある。

あえてギリシャ十字を選択するのは、外部のアプローチから中心部が明確に見えること、つまり実際に人に見える形の重視、それと宗教儀式の効率性より中心性の概念を参拝者に体感させることが重視されたことを意味する。中世教会堂のひたすら神に近い場を中心部の奥にもっていく形がつくられていた時代と異なり、ルネサンスはここにおいて別の視線、つまり人間の視線、空間感覚（体験）を重視して教会堂建築をつくっていたことになる。

ビザンティン建築[*1]の傑作であるハギア・ソフィア（イスタンブール、五三二～五三七、五六三再建、図29）はバシリカ平面の中心にドームを架けたものである（ドーム・バシリカ）。このドームは一重ドームであって内・外の形は同じである。古代ローマのユスティニアヌス帝（五二七～五六五）の時代につくられたものだが、その内部空間は圧巻である。中心ドームを含め、天井を形成する多様な開口部から光が入り込む。この内部空間への光の入り方には、組積造の構造的制約を超えた明るさ、透明感がある（図30）。ペンデンティヴの上に載った直径三一メートルのドームはまさに浮いたように見える。ここには浮遊感がある。

しかし外部から見たとき、中心のドームとペンデンティヴが重なり合って、大山、小山が

＊1　ビザンティン建築はコンスタンティノープル遷都（三三〇）、ないし東・西ローマ帝国の分裂（三九五）後の東ローマ帝国（～一四五三）が起点とされる。

図29　ハギア・ソフィア、イスタンブール　五三二～五三七

伏せている状態に安定感を感じる（図29）。それだけに、それを見てから内部に入ったときの明るさ、透明感に驚かされる。同じ中心部を重視している形づくりだが、中心部のみを突出させようとするルネサンス期の空間構成とは大きく異なる。ルネサンスはパンテオンやハギア・ソフィアのドームの外部から見たときの扁平さでなく、外観もより高く見せる形を欲したのだ。

近代建築における二重ドーム（屋根と天井）においては、オットー・ワーグナーのシュタインホフ教会（一九〇七）が徹底している（図31）。高台にあるため、アプローチの下から見上げる視線にドームは見えにくい。外観を非常に高く、内部のドーム天井は外観に較べて信じられないほど低くつくられている。断面図を見るとその落差に唖然とする。人間の眼が見る外観、内観が強く意識されている。

長堂形式から集中堂形式（ギリシャ十字形平面）への移行は、中心をずらすということである。中世の教会堂では宗教的中心が端（奥）にこだわっていて、行き着く突き当たり、つまり一番奥が聖的中心であった。ルネサンスでは集中堂形式を採ることで、建物の中心と宗教的中心とを合わせようとする。

バロックは宗教的中心と建物の中心がずれることを動力として発生してきたのではないか。奥という中心と建物の中心部、二つの中心性を保持しながら空間をつくることが発想された。そこに二つの焦点（楕円）という動的な視点が現れる。

バロックが楕円形という二つの焦点をもった空間を多用するのは、中世の宗教的中心という概念とルネサンスの人間中心という概念とを、一つの空間の中に納めた結果であろう。それは神の視線と人間の視線との融合あるいは対比であったとも考えられる。複数の視点が現

図30　ハギア・ソフィア　五三二～五三七

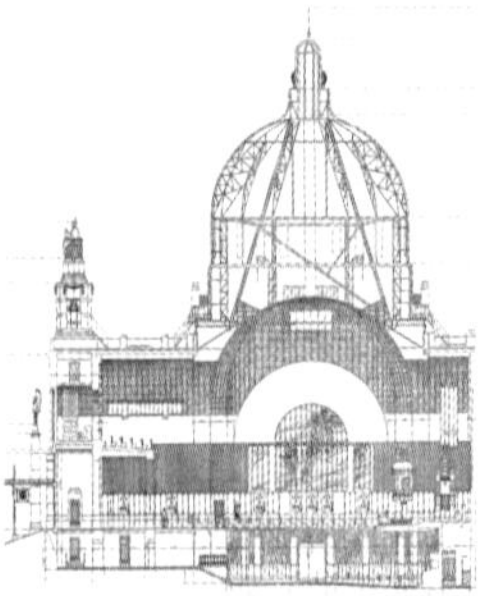

図31　オットー・ワーグナー　シュタインホフ教会、ウィーン、一九〇七（HEINZ GERETSEGGER and MAX PEINTNER『OTTO WAGNER 1841–1918』Academy Editions London 1979）

れてくる。

またルネサンスを経過しながら揺らぐ壁が次第に表面に現れる。それは全体ではなく眼の高さより上で、柱の垂直性を妨げはじめる。バロックへの移行である。

眼の高さから下の部分を含めて傾斜させ、かつ揺らぐ壁、柱を採用したのはアントニオ・ガウディ（一八五二〜一九二六）である。ガウディの革新性が見えてくる。

イスラム建築

ムハンマド（マホメット、五七一頃〜六三二）の布教後、特にモスク（イスラム教の礼拝堂）が建てられ始める。世界中のモスクがメッカに向けて建てられ、キブラという方向性をもっている。信者は礼拝時、そのモスクの中の祭壇に向かっているのではない（図32）。一人一人がメッカに向かって礼拝している。

それは建築空間の中では平行性なのである。柱が目の前に建っていても構わない。人々はあくまで遠く（無限遠）にあるメッカに平行に並び向いている。奥行きの長いキリスト教会堂平面と異なり、間口を広くして（図33）メッカに面している。建築的に言えば、広い壁（キブラ壁）に向かって礼拝することになる。礼拝者の指向は建築の内部空間を超えて拡がっている。キリスト教会堂の内部空間、身廊あるいは祭壇に向かった中心性とは異質な空間なのである。

図32　モスク（カイロ）

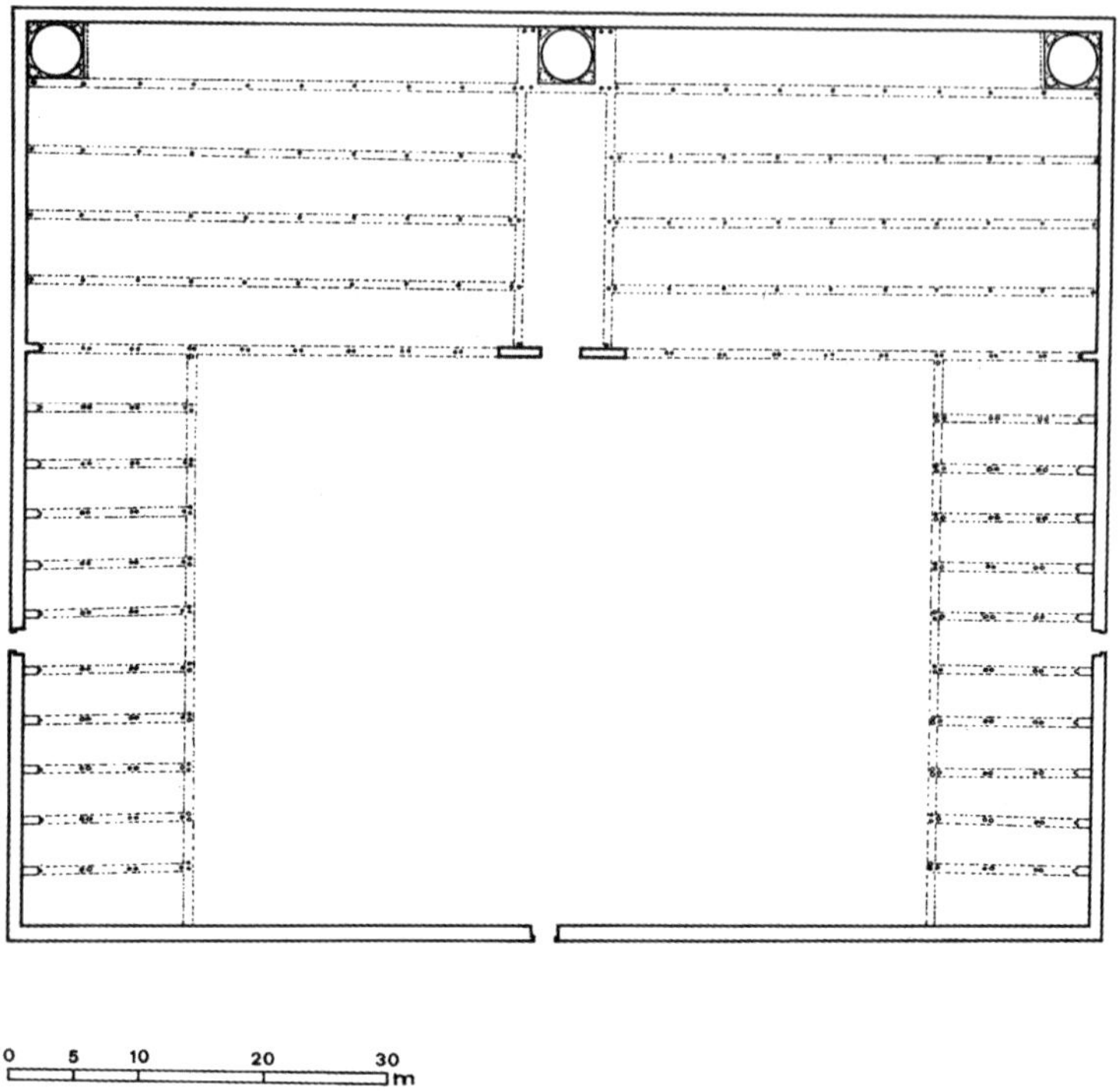

図33　アズハル・モスク（九七〇〜七二）カイロ、クレスウエルによる復元平面図（John D. Hoag「RENAISSANCE ARCHITECTURE」Harry N. Abrams, Inc., New York 1977）

第三章　近　世

ルネサンス

古典とは

ルネサンスは文字通りに言えば、古典文芸の復興、再生（rebirth）を意味する（十五世紀～十六世紀）。建築で言えば、古典建築のモティーフや基準の復興であるが、古典の建築形式は古代のままに理解されていたのではない。むしろ古典建築を憧憬して、集められた資料、ローマにある遺跡の調査などを駆使して、意欲的に考え出された結果である。[*1]

当初は古代ローマの建築、やがて（十八世紀中頃から）古代ギリシャ建築の精緻な調査研究が始まった。建築家で言えばシンケル（一七八一～一八四一）の頃、ギリシャ古典再興が隆盛している。つまりルネサンス期では古代ローマが憧憬の対象であった。

古代ローマ建築はヴィトルヴィウスの『建築十書』などの研究や古代ローマ建築の実測などを通して、新たに読みはじめられた。アルベルティや、パラディオの著作『建築書』が現れるのは、こうした努力の結果である。アルベルティは『建築書』のなかで記している。

「彼（ヴィトルヴィウス）はあまり教養の高い文章を書いていなかったので……われわれにとって彼がそれを書かなかったに等しいほどである。一方、古い事物の実例が神殿や劇場に託されて残存しており、それらから、あたかも最高の教師たちによるかのように、多くのことを教えられた」[*2]

＊1　「ポストモダニズム」は、ギリシャ・ローマ古典形式を始めとしてさまざまな様式のディテールが知識として正確に知られた上でなされた。そのことによって、「古典復興」とは全く別の意図性を読み取らなければならない。その意図性の現れていない「ポストモダニズム」は無惨である。むしろ「ポストモダニズム」は古典主義、あるいはその他の様式の形を利用しつつ、いかに古典（様式）から離れるか、その距離こそが意図されていた概念であったろう。

＊2　相川浩『アルベルティ　建築論』中央公論美術出版、一九八二

この書に従えば、アルベルティ（一四〇四～七二）にとってはヴィトルヴィウスの『建築十書』よりはるかに、ローマの建築遺跡の方の影響力が強かったと言っているのである。しかしこの衒《てら》いを含んだ言辞を、そのままに受け入れてよいかは疑問である。

ルネサンス建築

日本建築にルネサンス（古典復興）はなかった。それゆえ、日本人にとって西欧ルネサンス建築の特性が解りにくい。日本建築は神社、住居など日本古来のものを除けば、外国建築の構成、様式を取り入れつつ日本化し時代を先へと進めた。

近代（幕末）になって日本に「洋」が入ってくる。日本最初の大学（工部大学校）の造家学科（建築学科）に明治十年、イギリスの建築家コンドルが最初の教授として赴任する。コンドルがヨーロッパからもたらしたのは、歴史的な建築様式を取捨選択した折衷主義であった。日本人にとって西洋建築様式とは何かが解りにくいのは、ここに起因している。

特にルネサンス建築という部分がよく見えてこない。全体がつかめない。全体などなくなったのだとしてしまえば、すっきりするのだが、中世ゴシック建築の中心に向かう全体ではなく、なにか拡がっていく全体のようなものが求められているように見える。しかも個々の建物の造形表現、個々の壁面にそれぞれ整合性が求められているように感じる。

パラッツォ・ルチェライ（図62）や、サンタンドレア聖堂（図78）を見ると、そこには古典建築やゴシック建築とは違う壁面の構成、ファサード[*1]の構成が現れている。

中世の都市は城壁に囲まれ、その中で過密化が進んでいくが、各々の建物は外部からの敵に対し閉鎖的であった。ファサードが開口部によって構成されるよりは閉鎖的な壁面が外観

＊1　ファサードは主に建物の道や広場に面した正面（立面）を指すが、裏面でも中庭側でもファサードと呼ぶ。

の主要部分を占めていた。

その点ではルネサンスの都市は、中世の都市に比べ開放的であった。そのため、開口部のデザインが重要視され、その方法が求められた。

古代、パルテノン神殿のような建築は四面から見られることが意識され、その四面性をディテールまで含め完結させようとしている。オーダーや比例が重視され、それが古代ギリシャの方法であった。

しかし、ルネサンスはそれを各面（四面）に分解していったのではないか。中庭があればその各面にも、面が意識されていた。それはルネサンスが都市の中で成長していったからだ。つまり建物が都市の広場や道に連なり面して成立する。都市には人が集まり、過密化が進み、建物も高密となっていったから隣接して建てられた。建物が隣接していれば隣地側のファサードはなくなる。細い道、路地であれば、ファサードは見上げるばかりでほとんど見えない。

すると広場や広い道に面したファサードが重要となる。都市内に建ち並んだパラッツォ（大邸宅、宮殿、政庁）はその典型的なものである。もちろん、その正面のファサードを都市に向かって見せたいという意欲が働いている。それは政治、経済、宗教において力を持った者たちが望んだことである。

ヴェネチアを見れば、ファサードと呼べるものは運河側あるいは広場側にしかないと言えるほどである。細い路地側からは見上げる視線しかないからである。それゆえ、ヴェネチアには運河（広場）に向けて構成した多様なファサードを見ることができる（図53）。ヴェネチアは城壁ではなく水面によって護られていたので、建物は運河に向かって開放的につくることができた。

カ・ドーロ（一四二四～三七頃、図34）にも運河に向かっての開放性を見ることができる。この建物はヴェネチアン・ゴシックと言われ、ゴシック形式にビザンティンやイスラムの装飾性が結合されている。時代的にはフィレンツェにおける初期ルネサンスである。運河側から向かって左側が省略されたと言われているが、左右対称であっても当然納まるが、そうではない現状で、バランスが取れている。ルネサンスはこうした自由な区画で見てもバランスを図れる方法、工夫を重ねていたと考えられる。さらにそれは初めから非対称でも成立するバランスに向かっていく。

ルネサンス直前（十四世紀半ば）の黒死病（ペスト）の伝染、流行も都市の過密化が一因と考えられている。古代ローマのフォルム・ロマヌムの復元図（図8）を見れば、建物が混み合い、両隣りの建物の相関関係はすでに失われている。建物どうしが引き起こす影響力のせめぎ合いが、ヨーロッパに武力で最大の領土を拡げた国家の首都に現れる。そこに見えるのは最大の領土をローマという地域に縮小、凝縮したときに起こる領土内地域間の緊張のようである。ルネサンスに正面性が強く出てくるのは、このあたりに端を発していると思われる。

L・I・カーン（一九〇一～七四）の一九六〇年代のプランニング（フィッシャー邸〈一九六〇〉、ダッカ国会議場〈一九六二〉、ドミニク派尼僧院計画案〈一九六五、図35〉）等はギリシャの古典建築ではなく、この古代ローマの過密化を見つめていた視線を示している。カーンはこのローマの混み合い（図8）に興味を抱き、それを現代的に解釈することで自らの形を見いだしていったのではないか。密集しているけれども一つひとつの建物の離れ具合、建物間に生じるテンション（緊張）を意識している。*2

図34 カ・ドーロ、ヴェネチア 一四二四～三七

*2 図35—散らばり、接し合う方形が最終案へ向けて、さらにロッジアで囲まれた中庭に飲み込まれ密集性が増してゆく。

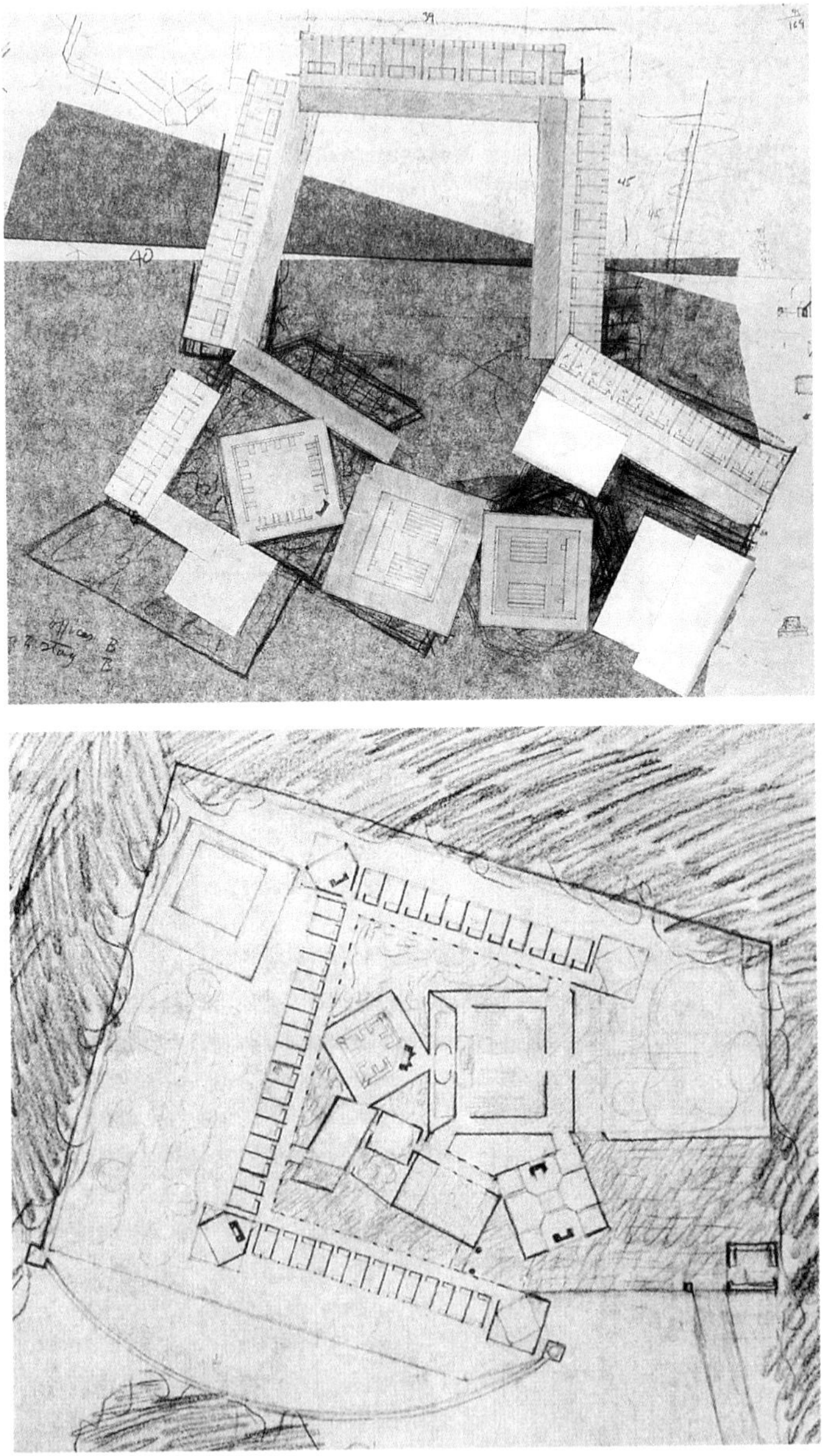

図35　ドミニク派尼僧院計画案　ルイス・カーン、上・一九六六年、下・一九六七年（Louis I. Kahn: In the Realm OF Architecture, RIZZOLI NEW YORK 1991, p. 386）

ルネサンスでは面が重要となり、各面（四面）[*3]が分解し、その各面での整合性が求められた。特に広い道や広場に面する正面が重視されたが、中庭側は正面とは意味を変えて考えられた。中庭側は庭を囲いとることができたから、意図すれば四面性を保持し得た。四面にその建物の所有者、設計者の意図を実現することができた。古典建築の周壁を裏返し（インサイド・アウト inside out、いわばアウトサイド・イン）にしたような四面性も現れる。

後述するが、パラッツォ・メディチ－リッカルディ（フィレンツェ、一四四四～五九）の中庭（図61）はほとんど完璧なコーナー・ディテールで納められている。中庭という囲われた空間であるため、外部に面したファサードとは追求される表現が異なっている。ここでは外観ファサード、中庭側ファサードの表現が全く変えられてしまう（図60、図61）。

ただしルネサンスでは、中庭側もコーナー・ディテールを完璧に納める方向に多くは向かなかった。中庭側にも外観に対するのと同じ操作性が現れる。

サンタ・マリア・ディ・ミラコリ聖堂（ヴェネチア、一四八九頃）は外観のコーナー・ディテールを完璧に納めた例（図36）である。この建物が「宝石箱」と言われるのは、こうしたコーナー・ディテールを完成させた例が少なかったからとも言える。次第にコーナーの完璧性を特別視する傾向が強くなっていった。

この聖堂は一層と二層の間にコーニスで分けられた曖昧な水平ゾーンが設けられ、上・下の関係を伸縮させている。これによって壁面の上・下が浮遊する。「宝石箱」の蓋は半円筒形の屋根を受ける軒蛇腹（コーニス）のところと、この中間のコーニスのところでも開けられそうに見える。二段式の「宝石箱」である。蓋の付いた「宝石箱」のように見えるということは、箱が開くところで見切られているということである。コーニスがその役割を主張し

＊3　ル・コルビュジエの近代建築五原則における「屋上庭園」は、この「四面」以外の新しい面の発見であり、「ピロティ」を含めると、立方体がもつ六面性の発見である。ルネリンスからの面の発見の継承といえる。

図36　サンタ・マリア・ディ・ミラコリ聖堂、ヴェネチア　一四八九頃（建築学大系編集委員会『建築学大系5　西洋建築史』彰国社、一九六八）

ている。

外観側も中庭側もコーナー・ディテールを納めた稀な例としては、パラッツォ・ストロッツィ（フィレンツェ、一四八九～一五三九、図37）がある。ただし、外壁側は壁、中庭側は柱という全く異なった表現が一つの建物に合体している。

建築空間の見え方

ギリシャの古典建築は人の眼が見る形、視覚の補正（リファインメント）を含めて、ディテールまでが求められていた。人の眼が実物の建物を見るのと図面で見るのとではその見え方が異なる。建物は立面図のようには見えてこない。立面図は無限遠の位置の視点が想定されている。この視点は実際の場ではあり得ない。

すでに記したが、ギリシャのパルテノン神殿を見れば、人が見ることの補正（リファインメント）はすさまじいと言ってよい（図3）。同じ寸法の部分や間隔、また真っ直ぐな部分や間隔などほとんどないと言ってもよい。一体、比例とは何だったのか。数学的比例だけが「美」を表すものではなく、人間の目に見える空間が意識されていたのである。

ヴィトルヴィウスが『建築十書』の中で「眼の視線は高く昇れば昇るほど[*2]、空気の厚い層を切り裂くことが容易でなくなる。こうして、視線は空間が高いと崩れ、その力が砕かれて、間隔に不確実なモドゥルス量（計測の基本単位量）を報告する。……シュムメトリアに常に割付けの補正が加えらるべきである。[*1]」と、見上げる視線に対しては「常に割付けの補正」の必要性を説いている。古代ローマに空間を視ようとする鋭い視線[*3]がありそれが記述されていた。しかし今度は「補正」とは一体何かという問題が生じてくる。「割付け」という言葉から

図37　パラッツォ・ストロッツィ、フィレンツェ　一四八九～一五三九
（ピーター・マレー『図説世界建築士10　ルネサンス建築』桐敷真次郎訳、本の友社、一九九八）

も知れるように「補正」も比例からくる。古代ギリシャ・ローマではどこまでいっても比例から逃れることが出来なかった。

ルネサンスこそ、その視覚的操作をすべく努力した時代であった。なぜなら建物の前面道路や都市広場の多くは、それほど広くはなかったからだ。四周また正面からさえ、遠望は望むべくもなかった。多くの建物は、見上げる視線で観察された。見上げる視線に比例は意味をなさない。ルネサンスはその基本的解決を求めた。このことがさらに追求されたのがマニエリスムであり、バロックであった。

構造表現の変化

ゴシックは柱を目指して構成された空間であった。次の時代であるルネサンスは壁面構成がゴシックと比べ自由となった。ゴシックをつくりあげたことによって建築構造の力学がより理解され、それを利用して安全性、自由性を確保して建てた結果と考えてよい。柱も壁も表現要素として使って壁面構成を成し遂げた。壁面構成の重視が浮かび上がる。柱はその壁面を構成する表現要素として使われた。

こう見てくると私は、白井晟一が優れていたのは、日本の建築家でありながら、ロマネスクやゴシック以上にルネサンスをよく理解していたことにあると考える。そうでなければ彼のファサード、壁面の異様なまでの形式の混成が理解できなくなる。白井晟一の付け柱や立面の異質な形の複合は[*1]、白井がヨーロッパの建築を渉猟した結果、ルネサンスを理解していたことの証左である。

白井の建築作品はロマネスクやバロックと対比されて言われ続けてきた。しかしそれを超

＊1　森田慶一訳註『ウィトルウィウス建築書』東海大学出版会、一九七九

＊2　「物の姿は、手近なところと高いところでは別に見え、閉じられたところと開けたところでは同じでなくちがって見える」(『建築十書』)

＊3　『建築十書』に神殿の「隅の柱は太目に造られるべきである」ことの理由に「空気でまわりが削られ、見た眼に一そう細く見えるから」と記している。

＊1　拙書『白井晟一空間読解』学芸出版社、二〇〇五、参照

えて白井が意識していたのは、ルネサンスであったのではないか。自分がその自由性のなかで表現を進めていると意識していたと受け取れる。

しかしルネサンスにおける壁面構成の自由とは、ル・コルビュジエが提起した近代建築五原則（一九二九年）の中の「自由な立面（ファサード）」における壁とは違う。つまり近代建築が獲得した「独立した構造骨組」によって構造から解放され、床（あるいは跳ね出した床）の上に自由に配される壁の位置や、その形態の自由性とは異なるものであった。

ルネサンスの壁面は組積造という構造を支えていた。つまりその構造体の上での自由性であった。獲得された新しい「構造骨組」によって、組積構造から解放された近代建築のファサードの自由性とは違う。

例えば古代ローマでは、隅角部を開口にすることの不可能性をヴィトルヴィウスの『建築十書』は「ここ（隅角部）に窓の明きが残されていたとするなら実に、建物の隅角の結合はこわされてしまう」[*2]と述べている。近代がこれを成し遂げたことは、それほど過去と断ち切られた方法であったのだ。逆に言えば、古代建築における隅角部の重要性が現れる。

ルネサンスは一方で構造の解決を求め、一方でゴシックを経て得た構造に対する深い理解により、構造的制約から自由になった分、それをどう表現するかを求めていた。このことはどの時代でも程度の差はあれ言えることだが、時代によって求め方が異なる。

フィレンツェ大聖堂のドームの解決やサン・ピエトロ大聖堂のドームの解決法などは一部、リブなど中世ゴシック建築以来の構造をもっているが、二重殻ドームによって外観と内観の見え方に差のあることを、その造形において示している。そして壁面構成の自由を追求していた。つまりルネサンスは部分あるいは要素に分解し、それらを精緻化させながら統合を求

図38　ヘローデス・アティコス音楽堂、アテネ　前四三五

＊2　森田慶一訳註『ウィトルウィウス建築書』東海大学出版会、一九七九

めていたと言ってよい。

劇場性

古代ギリシャの劇場は傾斜した地形が利用されたから、土地の中に埋まっている印象を受ける（図38）。外観は埋もれた部分では消える。つまり外観より、すり鉢状に囲われた半内部的空間を形づくる意図が強く現れている。ここでは場所を選ぶことは、沈み込んだ地形に形を見つけていく行為である。建物という人工物をつくりながら、これほど地形を利用するということが求められていた時代であった。内部は屋根がなく[*1]、大きく天に向かって開けていた。半円形プランが多く、求心的である。プロセニアム・アーチもない。埋まっていながら、

＊1 屋根があったと言われているものもある。古代ローマのコロセウム（ローマ）にも外壁四層目に石の持送り（図39）があり、木柱を支え、日除けの天幕が架けられたとされている。

図39 ローマのコロセウム 六九～七九

上（天）に向かって抜けている。
古代ローマのコロセウム（図39）も劇場である。古代ギリシャの劇場と違い平地にシンボリックに建っている。古代ギリシャの半円形の劇場が二つ合わさった形、楕円形平面で、二焦点であるが求心性を帯びており、断面形は全面すり鉢状に傾斜してアリーナを囲んでいる。古代ギリシャの劇場と同じく囲われた内部は立体的な空間であるが、平地に建っているため外観は四方から見られる。古代ギリシャの劇場と異なり、外観も強く意識されている。外観は各層でオーダーを変えている。つまり古代ローマでは劇場は内部ばかりではなく、外観をも見せる空間となった。内部に屋根はなく天が空いており、アリーナは四方から観客に見下ろされる空間である。こうした求心性を持ち、それが楕円という外観に現われ、建物の四周が見られる空間性はルネサンスの正面性と空間を異にする。[*1]
古代ギリシャの劇場とローマのコロセウムでは、観客のアプローチにおける印象が全く異なる。古代ギリシャ劇場では初めから囲われた観客席を見せてしまう。コロセウムでは、アーケードのアーチをくぐり、狭い階段を上る通路を抜けてから一気にアリーナを見せる。観客に与える盛り上がり感が異なる。アプローチやシークエンスの空間性が考慮されている。
古代ギリシャ劇場の沈み込んだ地形を利用したつくり方を記したが、中世ではイタリア、シェナのカンポ広場（図40）を見ていると、都市空間における地形が沈み込んで形成される劇場性が読み取れる。細い路地をくぐり抜け、広場に出る時、その前に拡がった約八メートル（建物階高二層分ほど）沈み込んだ空間は劇場を見下ろすようである。逆に登ってゆく先にある劇場空間はルネサンス、ミケランジェロによるカンピドリオの丘の上の空間である（左頁、図41）。馬に乗って登ってゆける逆パースペクティブの大階段の先にあるのは、三面

図40　シェナのカンポ広場

図41　カンピドリオ広場
ミケランジェロ　カンピドリオ広場（ローマ、一五三六頃設計）正面・パラッツォ・デル・セナトーレ、右・パラッツォ・デイ・コンセルヴァトーリ、左・カピトリノ美術館、中央・マルクス・アウレリウスの騎馬像（図は、日本建築学会編『西洋建築史図集』彰国社、一九八一）

を逆パースペクティブに建物で囲われた劇場とも言える広場である。

ルネサンス期になると、建築はファサードと内部空間が乖離していく。内部は機能性、空間性が追求され、外観は都市空間に向く。前面道路や広場に向けての正面性、中庭に向けてのファサード性が強調されることで都市がさまざまな劇場性を帯びてくる。次節で詳しく述べるが、都市を構成する一つひとつの建物ファサードが都市空間に対し「書割」的要素が強くなるのである。

ルネサンスの劇場建築も、正面性（ファサード性）をもつ。都市の劇場建物は、それ自体の奥行きの物理的長さは知れている。奥行きは、その他の建物のファサードにも言えるが、正面性を重ねることでなされた。劇場では外観はファサードに正面性を重ね、内部では舞台、プロセニアム・アーチ、背景、装置、そして登場人物の配置を重ね、それによって奥を表現した。もちろん、列を重ねる観客席は古代ギリシャ以来、奥行きを深める装置であった。

古代ギリシャ・ローマの劇場に屋根がなかった[*1]ことによって、この中からわき起こってくる多数の観衆、聴衆、演ずる人達、戦う人達、動物の様々な声（歌声、歓声、怒号など）、動きは都市空間に響いた。そうした意味で劇場は音でも都市空間を一体化した。一方、囲われたルネサンスの劇場建築では劇場性は内部に向かって濃縮されてゆく。

現在、都市空間の中では劇場という空間性を日本では、おそらく世界でも、ほとんど失っているといっていい。パソコン、携帯電話（ケータイ）、インターネットなどが場所の空間性を失わせ、別の言葉で言えば空間性の意味を変えさせる。そこでは劇場性という空間性は喪失していく。しかし演劇性は今後も変わることなく残り続ける。

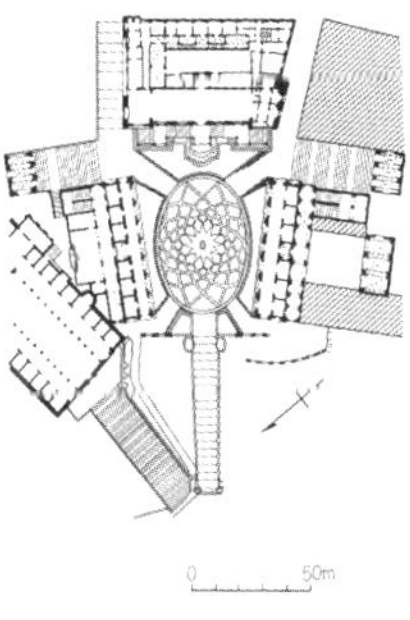

コーナー・ディテール（端部詳細）の扱い――古代から近代まで――

古典建築のコーナー・ディテールとルネサンス

建物は人の入る空間を内包している。そうあるためにつくられてきた。人の入ることのできない墓は建築空間とは言わない。

エジプトのピラミッドの内部にある空間は、当時の人々が、生者が入れられるところと考えていたなら空間となり、死者が入れられるところと考えていたなら空隙となるが、生と死を合わせもった存在を祀ることになるだけに難しい。

古代の記念的な建築は独立した一つの建物として建てられた。ほとんどが孤立し、四方から見られた。古典建築（特にギリシャ古典）はほとんどがそうだ。人々から見られることが意識された建物は皆そうであった。大勢の人々に四方から見られるために洗練された様式が生まれた。それは人々を惹きつける立体的な空間をつくり出した。ただし、人々が集まって住む住居などは違った。見られることより住むことの方が強く意識されていた。

立面四面が完結する表現としてのディテールが求められた。オーダーである。その頃、人に見られる建物は権力を持つ者、富を持つ者だけがつくることができた。そこにエネルギーが集中された。

四方から見られる建物は、ディテールまで完結していなければならなかった。特に建物平面のX方向、Y方向がぶつかる隅角部（角《かど》）は両方からの面が出会うため、両面からの視線に対し整っていなければならない。斜め方向からも見られるので、隅の部分が自然に納まっている必要があった。その部分の納まりをコーナー・ディテール（端部詳細）と呼ぶ。ギリシャの古典建築は一本の柱（円柱）でコーナーを納めることに膨大なエネルギーを傾注してきた。四面を見せるためには、四周に広いスペースが必要であった。広場、道、空き地などである。

都市の建物が高密化してくると、建物どうしが接してくる。それは見える面が限定されてくることを意味する。正面と裏面である。裏面は中庭である場合もあった。隣地と接するために側面は失われる。

つまり道や広場の角地の建物でなければ、側面を含めた二面を持つコーナー（端部）はなくなった。それは建物の空間が変わったことを意味する。建物のファサードが都市に見せる見せ方が変わったのである。それは建物を見せている広場や道の空間的特性が変わったことをも意味する。

コーナーや四面が見られる建物が少なくなっていった。ルネサンス建築は都市の中でそのことを問い詰めていく。

「古典復興」という意図があったから、ファサードには古典の様式を採り入れた。しかしルネサンスは、古典の様式的整合性、特にコーナー・ディテールの整合性、つまり正面から見ても側面から見ても、同じ納まりにすることを放棄した。建物と建物が接して建てられることが多くなったために、ファサード（正面）が強調され、それをどのように造形し、納めるかが求められた。また、二面が見える場合でも、それぞれの立面を変えた。それはそれぞれの立面が面する都市空間の性質が異なる場合が多くなったからである。例えば、二面が見える場合、一方が広場であり、一方が狭い道であったりする。

こうした傾向が強くなるのは、ルネサンスが都市化によって成立した文化であったことが大きな理由である。そのことによって道や広場に対する正面性が重視されたのである。しかも「古典復興」という文化的意図があり、そこで都市空間をいかにつくるかという選択が求められた。

建築の四面性を捨てれば、古典のファサードから解放される。つまりルネサンスのファサードをつくることができる。ルネサンス建築のファサードをじっと見ていても、裏面や側面は予想しがたい。

古典建築では一面（正面）を見れば、その他の面はそこからほとんど想像、予想できた。あるいはその建物の廻りをぐるりと廻ることが出来、実際に四面を見ることが出来た。ルネサンスでは一つの家の廻りを巡ることは建物が高密化しているため難しい。

建物どうしが接していたり、空いていたとしても建物の前面の空き地や道が狭い場合が多くなった。都市内の建物が高密化してきたからだ。狭い道からは建物は見上げる視線でしか見えてこない。前面が空いていなければ四面性あるいは正面性すらほとんど意味をなさなくなる。壁面上での比例が意味を薄める。するとそこには建物全体を見せる壁面構成の必要性が無くなる。

ルネサンスは建築家という職能が広く認知されてくる時代である。形にも建築家という個人の意図が強く現れる。建物の設計において建築家一人ひとりの意図が強く働くようになった。設計者の意図によって建物が大きく変わる。

コーナー・ディテールの整合性は、ギリシャの古典建築の立体としての透明さを現している。一方、ルネサンスのファサードの自由性は、その内側の空間（内部空間）に対する不透

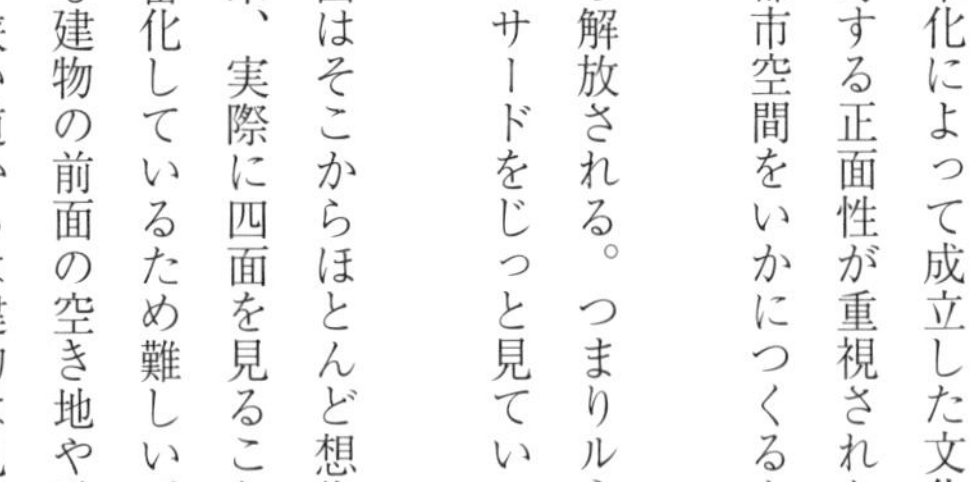

図42　テンピエット、ローマ　一五〇二～一〇（日本建築学会編『西洋建築史図集』彰国社、一九八一）木版画平面図（セルリオ「建築書」より）（図は、Peter Murray「RENAISSANCE ARCHITECTURE」Harry N. Abrams, Inc., New York 1971）

明さの現れでもあった（図62、図64）。

ルネサンスの壁面構成が正面性に移行し、コーナー・ディテールが持っていた二方向性から、一方向性（正面性）に絞ってそのエネルギーを傾注したことは、建物ファサードが面した道、広場の空間も変質し、都市空間に今までとは違った可能性を与えた。道や広場といった都市の中の、いわば空いた（ヴォイドな）空間を形づくることが建物のファサードの集合によって表現されるようになったのだ。建築家はそのファサード性を利用した。

ルネサンスでも円堂形プランではコーナーがないため、ディテールの完璧性を追求できた。テンピエット（ブラマンテ、ローマ、一五〇二～一〇、図42）であり、カルロス五世宮（グラナダ、一五二七～九二、マチュカ、図43）の円形中庭である。ただし円堂形式ではオーダー*1は納まるが、方向性を強調することが難しい。方向性が失われ正面をどこにするか、明快にしにくい。つまり正面性を出しにくい形式なのである。正面性を表すために、古代ローマのパンテオンでは玄関柱廊を付けた。*2 ただし、玄関柱廊を取り巻くエンタブレチュアは円堂部外壁には廻っていない（図19）。正面性を表す古代ローマの方法である。

テンピエットでは正面性がはっきりしない。円堂であり、廻りをすべて階段で取り巻かれているため、さらに方向性が定めにくい。ブラマンテの計画では、この建物は一六本の列柱のある円形中庭の中心に建つ予定であった（図42）。円の中に入れ子の円である。明らかに正面性よりも中心性が求められている。このことは、そのすぐ後のブラマンテのサン・ピエトロ計画案（一五〇六）に採用されたギリシャ十字の中心上に半球形のドーム（パンテオンと同じ大きさのドーム）を載せる中心性の意図と通じている。

カルロス五世宮（図43）も、直径三〇メートルの円形中庭の中に入り込んでいくと、自分

*1 オーダーはドリス式が採用されているが円堂形式のためコーナー・ディテールが発生しない。

*2 ルネサンス期のギリシャ十字平面の教会堂も正面性を出しにくいが、ミケランジェロはサン・ピエトロ大聖堂計画案でパンテオンと同じように列柱廊の玄関をつけることで解決した。

図43 カルロス五世宮、グラナダ 一五二七～九二

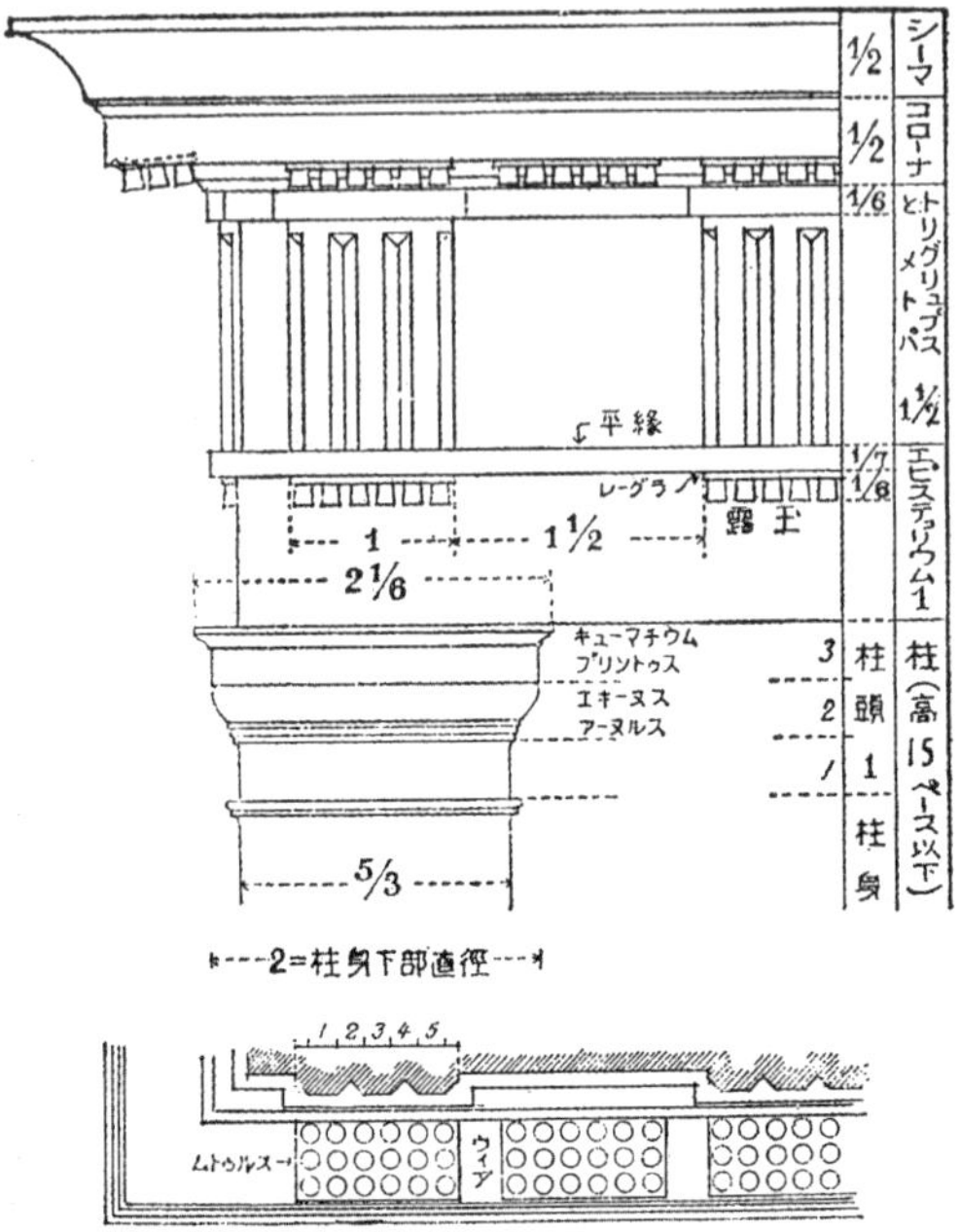

図44　ヴィトルヴィウスのドーリス式オーダーの納め方（森田慶一訳註『ウィトルウィウス建築書』東京大学出版会、一九七九）

のいる位置を見失う。外観が矩形であるだけに、円形中庭に入ったときの方向感覚の迷いは激しい。ローマのパンテオンは内部空間であるが、ここでも内部に入ると自分のいる方向性を失う。円堂形式の空間にはこうした特性が生じやすい。

ドリス式オーダーのコーナー・ディテール

完璧だと思われている古代ギリシャ神殿のコーナー・ディテールにおいても、端部とその他（中央部など）ではディテール（納まり）が異なる。例えばドリス式において、トライグ

図45　パルテノン神殿細部　前四四七〜四三二（図は、日本建築学会編『西洋建築史図集』彰国社、一九八一）

リフの長さがコーナーとその他では違う。長さが微妙に変わる。端部の方が短くなるが、見る人にその差を気づかせないよう工夫している。端部は正面から見ても側面から見ても、変わらないディテールにしなければならない。それをコーナーの柱一本で表現する。コーナー・ディテールにおけるトライグリフの調整（修正）はヴィトルヴィウスの『建築十書』に詳しく記されている。ヴィトルヴィウスは、ドリス式ではコーナーが納まらないので、神殿には不適だとした古代ローマ以前の建築家たちがいたことを、実名をあげて記している。それほどコーナー・ディテールが重視されていたのである。

ドリス式オーダーでは、エンタブレチュアを形成するフリーズ（メトープ＋トライグリフ）をどう納めるかで、コーナーに重大な問題が生じる。すべての柱の芯を基準として左右対称にする（図44）か、パルテノン神殿のように、コーナーのトライグリフを端に寄せる納まりにするのかで考え方が全く違う（図45、図14）。

前者（ヴィトルヴィウスの方法）は全体的にも左右対称で、柱芯をそろえ、かつすべての柱芯で左右対称である。しかしこの方法ではフリーズ端部に中途半端なメトープができてしまう。メトープに視点を当てれば、メトープの幅がそろっていないという不具合が生ずる。

後者（パルテノン神殿）は全体を見る視線では左右対称になるが、柱芯をそろえる視線からは端部で左右対称とはならない。トライグリフがコーナーに寄っている。柱とフリーズだけを合わせ見ると、シンメトリーには感じられない。上述の『建築十書』の中で、ドリス式ではコーナーが納まらないと言っているのはこのことである。言い方を変えれば、柱、アーキトレーヴ、フリーズ、コーニスという各横方向の構成[*1]でデザインを変えていることになる。後のルネサンスにおける横に区画していく方法の兆しと言える。

＊1　特にフリーズだが、軒天井の板石（ムトゥルス）の割付もこれにならっている（図44、図45）。

つまり両者の違いは、全体を見る視線と部分を見る視線で左右対称の形が変わるということである。図44と図45は全く違う方法なのである。

トライグリフの長さを調整しないで納めるのは簡単である。エンタブレチュアに装飾を付けなければよい。つまりメトープやトライグリフを、アーキトレーヴのようにフラットにして、「横線」を通すことで納まってしまう。[*2] ただし、装飾がなくなったことによってエンタブレチュアの背は高く見えるから、少し低めに押さえないといけないかもしれない。つまり比例は変わるが、納まりはつく。しかしそれでは見え掛かりが柱と梁だけの関係になる。

比例は、その部分を少し変えることが全体の比例を変えることとつながっている。比例といっても、どのような比例関係にするかが非常に難しい。

古代ギリシャの建築形式は、それ以前の木造の形式をほとんどそのまま石造に変えたところから来たと言われている。トライグリフやメトープをなくすことができなかったのは、エンタブレチュアにそれを付けなければならない意味があったのだ。トライグリフは木造梁の小口のデザインであり、メトープはその間を埋める面戸《めんど》板であったと言われている。そうした意味性を保持しながら、コーナー・ディテール、ファサードをまとめなければならなかった。

トライグリフが木材の梁小口の名残とするなら、パルテノン神殿のコーナー・ディテール（図45）のように、コーナー部分で両方向に同じ形の梁小口面が表現されるのは疑問[*3]だが、ここにはコーナーを同じに見せたいという意図を感じとることができる。しかしその表現において、構造的特性を失い、装飾化している。

＊2　イオニア式オーダーのエンタブレチュアも、すでに記したように柱頭でコーナー・ディテールが歪む。コリント式オーダーではエンタブレチュアに左右対称性に影響する模様がほとんど入らないから（人像のレリーフや横線が入る）、どちら側から見てもコーナー・ディテールは完結する。それゆえ古代ローマでよく使われた。また円堂ではいずれのオーダーも納まる。コーナー・ディテールがないと言える。

＊3　木造仕口では「留め」に納めるというが、化粧重視となり梁の構造としての意味性を失う。

コーニス（蛇腹）の役割

ここでしばしば記してきたコーニス（蛇腹、図14、図45）について述べておきたい。これはエンタブレチュアの一部を構成するコーニス（軒蛇腹）だけでなく、横方向に建物の壁面を区画するもので、その位置（高さ）によって軒蛇腹、胴蛇腹、天井蛇腹と称される。

コーニスはエンタブレチュアの構成要素に含まれているが、その他の構成要素（フリーズ、アーキトレーヴ）よりさらに外側に出っ張っている。このコーニスと傾斜屋根の妻側を登っていくレーキング・コーニスが囲う三角形の切妻壁をペディメント（テュンパノン、タンパン）と呼ぶ（図14）。コーニスは斜めにも見切る。

柱頭は柱一本ごとに横材によって切れているため納まるが、エンタブレチュアは横につながっているため、その納め方が問題にされる。この中央と端部が数学的、幾何学的にも納まることを古代の建築は求めていた。つまり建築は数学でもあり、幾何学を実践する場でもあったのだ。

横につながっていても建築物は有限なものであるから、端部がある。つまりどこかで途切れるのである。続いているところでも、途切れたところでも数学的、幾何学的に納まっていなければならない。

建築物は図形ではなく、構造物であり、また人が使う機能を充たさなければならない。しかも見る位置、状況によってその空間の見え方が変わる。建築物には全体も部分もある。何が全体でどこまでが部分なのかは、はっきりしているわけではない。多くは観察者が決めることになる。

全体と部分は、建物のある部分を横に切れば（区画すれば）その線を介して上・下の関係が薄れ、分けて考えることができるようになる。コーニスはこうして大きな意味性を帯びてくる。

コーニスによって上・下に分け、上・下で形を変えることができる。ファサードの自由性が増していく。コーニスで見切るということが、壁面構成の方法としてルネサンス期には自在に使われていく。

だがコーニスは必ずしも重層建物の床のレベル（高さ）のところに入れられるのではない。パラッツォ・ルチェライ（図62）もパラッツォ・ピッコロミニ（図64）も断面図を見れば、床はコーニスのレベルより下がったところにある。このこともルネサンスの壁面構成、コーニスの位置の自由性を証明している。

エンタブレチュアを構成し壁面より出っ張るコーニスでなく、なぜ、梁という構造体であるフリーズやアーキトレーヴが上・下の見切りとならなかったのか。そうするとデザインは全く変わってしまう。コーニスは柱と梁（水平構造材）の間を区画することはなかった。古代ギリシャのオーダーでも、柱・梁（フリーズ、アーキトレーヴ）構成とその上部とを区画している。

日本の木造真壁造[*1]における壁面では柱、梁が見切りとなっている（図13）。このように構造体をそのままに表現するのであれば、形、デザインが構造体に規制される。つまり柱と梁の見付けの面（部材を真正面から見た面）が壁面を表現する。柱、梁どうしはあまり段差（出っ張りの差、「見込み」）がない。日本建築はその構造体を柱、梁によってバランスよく表現してきた。それはルネサンスのように構造要素と関わらないコーニスという柱や梁より出っ張った構成要素によって見切り、表現するものではなかった。

＊1　木造真壁造は柱、梁から壁仕上げを引っ込めて、柱や梁などの構造材をそのまま見せる構法。

西欧の組積造は普通には壁と柱の区別がはっきりとしない。柱と見えても壁であることが多い。日本では柱と壁の間には天・地の差がある。

近代建築の「ピロティ」は柱と壁の差を明確にし、その上で新しい柱だけの空間構成を提示した。それはゴシック教会堂が目指した柱だけの構成を引き継ぎ、鉄筋コンクリート造の採用によって伝統的な組積造から脱した近代の造型、柱の独立性を明快に宣言したのである。近代建築は歴史がなしてきたことを明快にする役割をも果たしていた。

コーニスを付けることで、構造からの自由性を獲得し、壁面を構成することができる。そこにルネサンスは時代の表現方法の可能性を見いだした。

しかし近代建築はそこに不合理性を見つけていく。近代建築はコーニスを否定した歴史でもあった。つまり見切りなしで壁面を構成する方法を発見する。そこではマッス（量塊）や分節化などが重視された。ピロティも空間を見切る新しい方法であった。建物と地面とを見切り、またピロティが支える上階（二階）の床面とを見切っている。

ル・コルビュジエ（一八八七～一九六五）は空間における色彩の天才でもあったが、色によって面を見切り、さらに完成度を高めたのはルイス・バラガン（メキシコ、一九〇二～八八）である。

ルネサンスのコーナー・ディテール

ギリシャの古典建築と比較すると、パラディオのパラッツォ・キエリカーティの二階のバルコニー側に突出した部分のコーナーの二本の柱（双柱、図46）や、バシリカ（パラッツォ・デッラ・ラジョーネ）の端部の正面だけを向いた二本の柱（双柱、図47）などあまりにも古典建築のコーナー・ディテールから離れた納まりといっていい。

ギリシャ神殿と異なり、コーナーを一本の柱ではなくコーナー部分だけ二本の柱（双柱）で処理し、解決している。しかしこれでは両方の面（側）から見て同じ納まりとはならない。ギリシャ古典ではこれを解決とは言わなかったはずだ。意匠的にはコーナー・ディテールは未完となる。「古典復興」と言いながら古代ギリシャ的視点から見れば、ルネサンス的納まりは古典的納まりを裏切り、新しい手法を模索している。

パラッツォ・キエリカーティでは一、二階端部の正面だけにしか向いていない一本柱という納まりも、コーナーを廻るとエンタブレチュアはそのまま廻っていくが、壁にアーチの付いた開口部があるだけで（図46）、正面のデザインとは全く異なる。コーナーの柱は円柱というより正面にだけ向いた付け柱的扱いである。正面は一、二階の間にコーニスが廻ることによって一階の円柱はトスカナ・ドリス式、二階はイオニア式の円柱と変化させることがで

図46 パラッツォ・キエリカーティ、ヴィチェンツァ 一五五〇設計、一五八〇頃完成（日本建築学会編『西洋建築史図集』彰国社、一九八一）

図47 バシリカ（パラッツォ・デッラ・ラジョーネ）、ヴィチェンツァ 一五四九〜一六一四（日本建築学会編『西洋建築史図集』彰国社、一九八一）

きた。しかしこのイオニア式オーダーはコーナー渦巻き（ヴォリュート）の歪みを持たない。つまり正面だけを向いている。ここからも正面性を強調した建物と言える。

ミケランジェロは、内部空間ではあるが、ロレンツォ図書館前室（図84）では二本セットの円柱（付け柱）で四面の壁を統一し、マニエリスティックにコーナーを納めている。[*1] コーナーはどちらから見ても同じ見え方にしている。ただし、後の「浮遊」の節で述べるように構造的表現を放棄している。というよりそれを選ばず、他の表現を求めたのである。

古代ギリシャが求めたのは構造、意匠、見え方において徹底的にコーナー・ディテールを極めることであった。ルネサンスの建築が成し遂げたのは、「古典復興」を目指しはしたが、徹底してコーナー・ディテールを完璧にする必要のない手法を見つけ出したことだ。そこでは古典の意味が変わっている。しかしそこに新たな可能性を見いだした。

＊1　ミケランジェロはメディチ家礼拝堂（サン・ロレンツォ聖堂、フィレンツェ、一五二一～三四、図86）においても室内空間で四面性に挑んでいる。

ミースとコーナー・ディテール

コーナー・ディテールを見ているだけでも、解決方法がいろいろあることに気づく。現代においてはミース・ファン・デル・ローエ（Mies van der Rohe, 1886～1969）がこうしたコーナー・ディテールを徹底して見つめ、それを鉄骨に表現した。レイク・ショア・ドライブ860－880（シカゴ、一九四八～五一）のコーナーはミースがディテールと闘った結果である（図48）。I形鋼のマリオン（方立て）は外観を均等間隔で覆うが、その内側の窓は構造体である柱と接するものは、柱に接しないものより幅が狭くなる。既述した古典建築のドリス式オーダーのコーナーでのディテールの違い（図44、図45）を見るようである。レイク・ショア・ドライブのコーナー・ディテールでは、I形鋼のマリオン（方立て）は柱中心軸と合っ

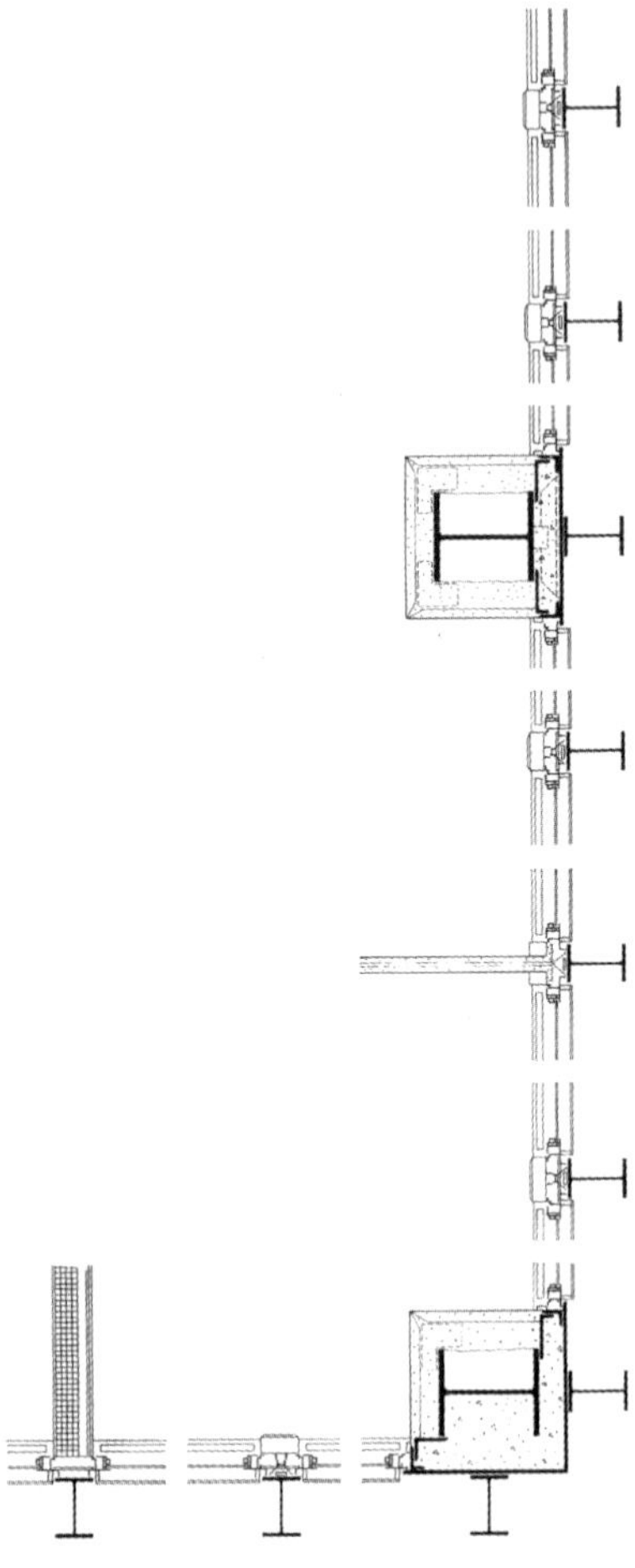

ていて、いわば端部トライグリフを柱中心軸と合わせたヴィトルヴィウスの方法（図44）である。窓の幅が柱に隣接するところとそうでないところの幅の違いは、パルテノン神殿の端部のメトープ（図45）と、その他のベイ（間）のメトープの幅との違いを想起させる。

ミースは同じことをそれ以前、低層のＩＩＴ同窓会館（一九四六、図113）で行っているが、Ｉ形鋼のフランジの間をガラスでなくレンガで塞ぐ形をとっているため、各レンガ壁の幅は同じとなる。だが透明なガラスだと裏側の構造柱が見えてしまい、納まりが見苦しい。レンガを透明ガラスに変え、ディテールを納める試行がなされる。

シーグラム・ビル（一九五四～五八、図49）ではマリオン（方立て）を構造柱の芯に合わせることは同じだが、マリオンと窓枠をともに外側に跳ね出し、窓の幅をすべて同じにしている。レイク・ショア・ドライブのコーナー・ディテールを超えている。まさにドリス式オ

図48　レイクショア・ドライブ八六〇－八八〇　シカゴ、一九四八～五一（フランツ・シュルツ『評伝ミース・ファン・デル・ローエ』澤村明訳、鹿島出版会、一九八七）

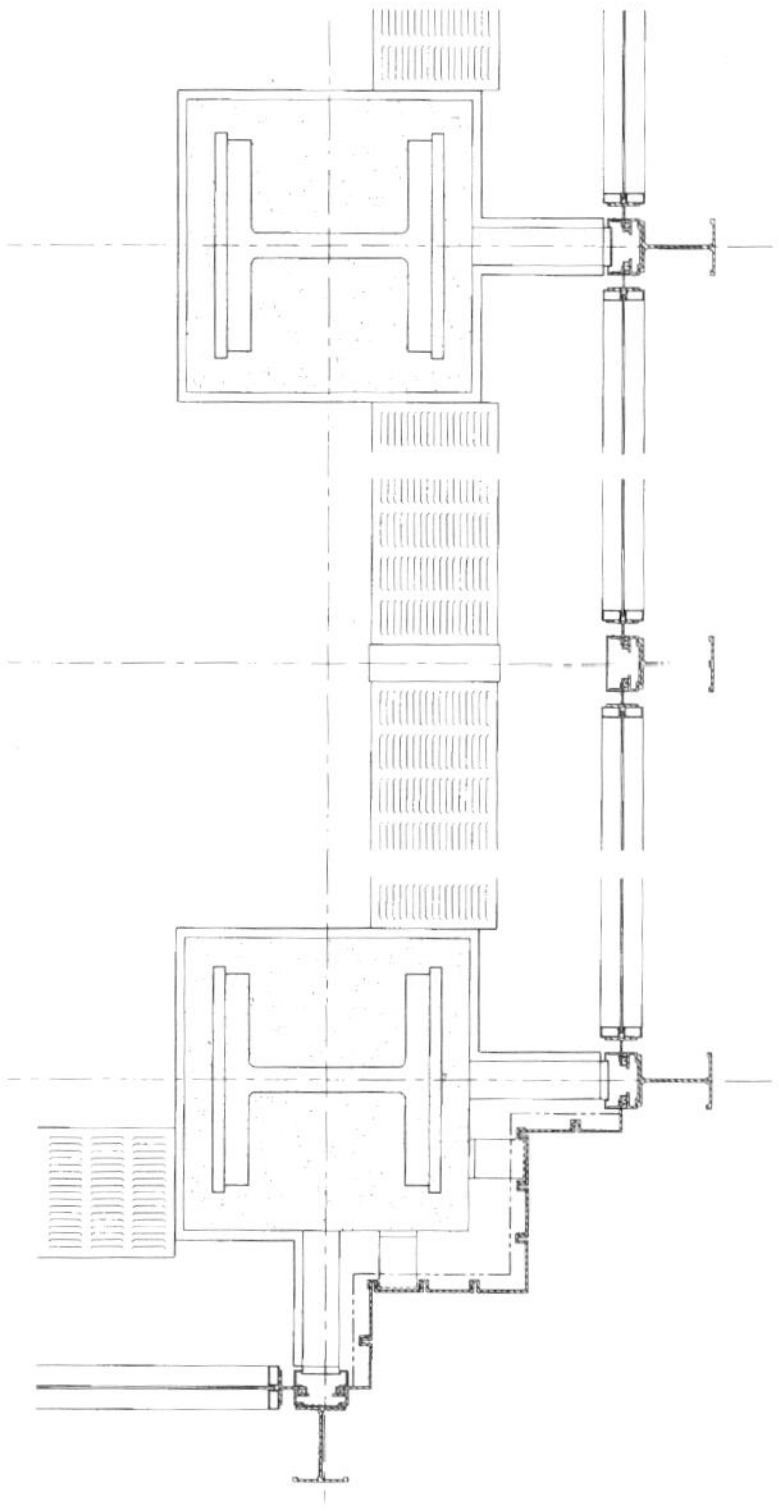

図49 シーグラム・ビル、ニューヨーク 一九五四〜五八 シーグラム・ビル、コーナー・ディテール（"Mies in America" edited by Phyllis Lambert Whitney Museum of American Art, New York Harry N. Abrams, Inc., Publishers 2001）

ーダーのトライグリフにおけるヴィトルヴィウスの方法（図44）が選ばれ、洗練させている。フェデラル・センター（シカゴ、一九五九～七四）も同じである。そしてミースにおける構造柱を含めてのコーナー・ディテールの完結性は低層のベルリン新国立ギャラリー（一九六二～六八）で獲得された。

現代における超高層ビルは、ルネサンス以来の都市の建物の過密化を、一つの建物に集約することで、廻りに広い空間（太陽、緑、空気）を得た。それを理論づけたのは、ル・コルビュジエの『輝く都市』（一九三五）であった。そこで古代ギリシャ以来、再び都市に対する建物外観の四面性を獲得したのである。建物は再び四面から見られる存在となったのだ。その四面性のディテールを展開したのがミースであった。つまりミースは超高層ビルが持つ重要な現代的意味を知っていたことになる。

ファーンズワース邸以後、ミースのつくり出すプランにはいくつか共通性を見出すことができる。一つは柱が八本（奇数間）の建物がかなりある。ファーンズワース邸、クラウン・ホール（最も大きな架構を構成する柱は八本である）、ベルリン新国立ギャラリーである。[*1] そしてもう一つ、間口が一間×三間、一間×一間とすべて奇数なことである。この奇数に関してはレイク・ショア・ドライブ・アパートメント、シーグラム・ビルなど超高層にも言える。正面性あるいは四面性を重視していたと考えられる。

ミースのコーナー・ディテールへのこだわりは、ルネサンスという古典解釈に反旗をひるがえし、ルネサンスを飛び越えて古典へと志向したのである。それは後述するごとく「古典復興」ではなく「古典再生成」とも言える意味での超ルネサンスなのである。

F・L・ライト（Frank Lloyd Wright、1867 or 1869～1959）がミースの図面（IIT）を

＊1　バルセロナ・パビリオンのクロームの十字柱も八本である。

何時間もじっと見てから、「君は自分がやってしまったことが何か、わかっているのか」（拙訳）と問うたと言われている。ライトの慧眼に感心する。そこでライトは「わかるだろう、君は新しい古典主義をつくりだしてしまったんだよ」（拙訳）と言った。翻訳本では「新古典主義の創出だ」と訳されているが、ここの言葉は原書[*2]では **"a new classicism"** であって **"a Neoclassicism"** ではない。ライトは正確にミースがつくりだしたものを把握していた。私はこのライトの **"a new classicism"** はルネサンスの古典主義ではなく、新しい古典主義をつく

＊2 David Spaeth "MIES VAN DER ROHE" Rizzoli 1985 参照

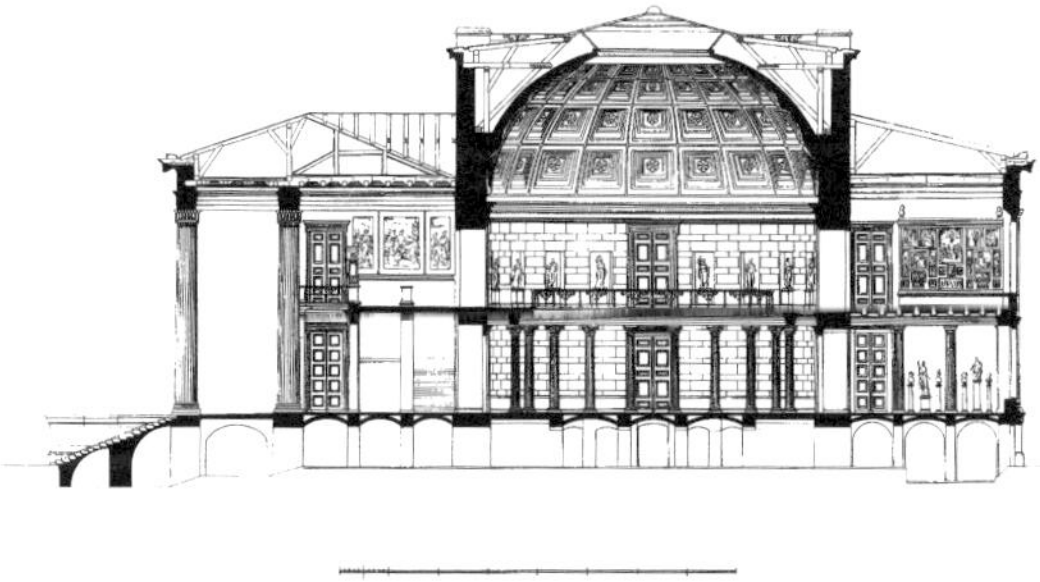

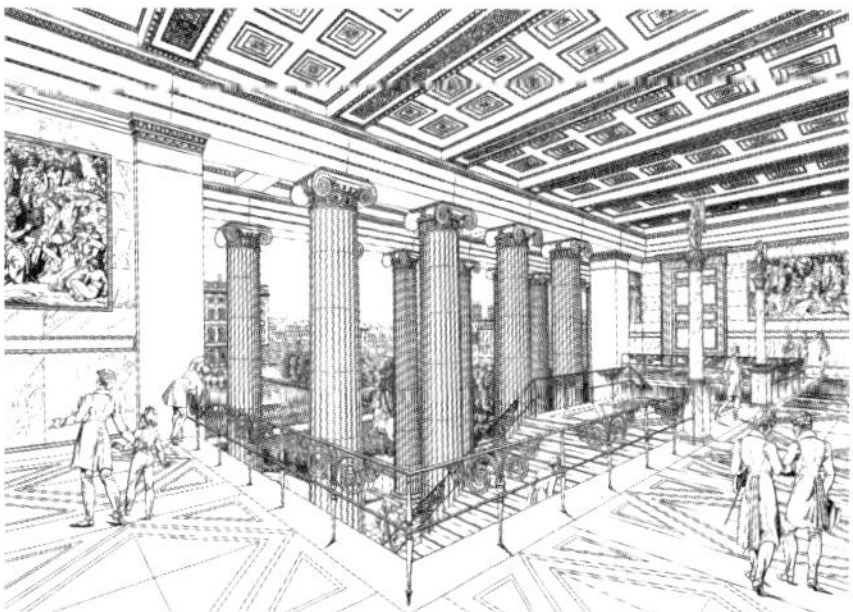

図50 アルテス・ムゼウム外観、ベルリン、一八二四～二八（フランツ・シュルツ『評伝ミース・ファン・デル・ローエ』澤村明訳、鹿島出版会 一九八七）

図51 アルテス・ムゼウム、外観図、断面図、内部透視図（KF SCHINKEL SAMMLVNG ARCHITEKTONISCHER ENTWRFES Princeton Architectural Press New York 1989)

り出したと言っているのだと考える。当然「新古典主義」ではない。ルネサンスよりギリシャ古典建築のコーナー・ディテールの考え方をとらえたものだった。ミースは納まり（ディテール）において、ルネサンスを飛び越えて古代ギリシャへ遡ったのである。

ミースに大きな影響を与えたK・F・シンケル（Karl Friedrich Schinkel、1781〜1841）の新古典主義（Neoclassicism）も、コーナー・ディテールを古典建築のようには完璧にしようとしていない。新古典主義もルネサンスを経過してきたのだ。古代ギリシャ建築の納まりに戻ろうとしていたのではない。四面を同じ立面、同じコーナー・ディテールでまとめようとはしない。

アルテス・ムゼウム（一八二四〜二八、図50）のイオニア式円柱が並ぶファサード両端は、アンタ[*3]（壁端柱）で押さえられ、正面性を強調している。むしろ古代ギリシャ神殿の外観への指向性ではなく、その内側にある神室（ナオス、ケラ）の正面性を露出させたといえる。シンケルはアンタ（壁端柱）とイオニア式柱頭を組み合わせることで、イオニア式の柱がコーナーで使われるときの歪み（図10）を排除し、イオニア式オーダーの正面性のみを利用し、完結した正面性を完成させたのである。

ミースは違った。コーナー・ディテールの完成を目指し、ルネサンスも新古典主義も越えようとしていたに違いない。それは古典そのものの意味を問うことであった。その復活であり、創生である。それだけにミースのなしたこの行為は、時代（近代建築）と隔絶している。

シンケルは古典主義の陥りやすい図形的整合性から脱却し、空間性へ向かう努力をしていたと考えられる。新たなる全体への視線を提示している。特に外部空間への関心は、古代ギリシャ建築が建物周囲にもっていた空間の拡がりを取り込もうとしている。

＊3　アンタとは壁端柱のことで、オーダーは使われていない。アンタという方法が古代ギリシャ神殿の神室端部（図14）で使われるのは、ギリシャ神殿の四面ファサード部（周柱）は外部の四面に向いており、神室では内部に入る一方向性を向くディテールとなるためといえる。ギリシャ神殿においてもディテール、方向性はアプローチの動きとともに変わる。

シンケルのドローイングには内部空間から外部の都市空間を見ているものがある（図51）。内・外がつながり、または内部空間に外部の都市空間が取り込まれている。こうしたつながり、内↕外を通じた拡がりが意識されていた。アルテス・ムゼウムのドローイングには内部空間と都市空間のつながり、また違った床レベルにいる人物が描かれ、それぞれ高さの違う、移動する視線で空間が見られていることが明晰に表現されている。

ミースの弟子であるP・ジョンソン（Philip Johnson、1906〜2005）はミースと異なりコーナーの整合性を求めていない。[*4] P・ジョンソンが自邸（図110、図112）でなしたのは、ミースの古典的なコーナー・ディテールへのこだわりに対するルネサンス的ディテールの表出といっていいのかもしれない。その自由性がP・ジョンソンを「ポストモダニズム」にまで突き進ませたのだろう。

ミースとジョンソンを比較すれば、屋根（建物頂部）についても特徴が現れている。近代建築、現代建築が多用してきた軒のない陸屋根の建物は、外形が直方体的な立体として表現される。建物の形のエッジの線が強調され、エッジがつくる形が空を切り観察者をひきつける。一本の線に表現が集中される。それは様式建築の頭部（頂部）とは全く異なるものであった。

ミースはその多くの作品を、直線で構成され、エッジをきかせた厳格な直方体でつくりあげた（図48、図49）。屋根は水平に切られた。同じ直方体で出発したその弟子P・ジョンソンはポストモダン期に変形ペディメント、変形様式で建物を形づくり、建物エッジを直方体↓様式へと変更し、特にその頂部は一九二〇年代の摩天楼以来、再びアメリカの都市のスカイラインに様式的な形を加えることとなった（図52）。

＊4　拙稿「ジョンソン自邸とファーンズワース邸」（後記）参照、コーナー・ディテールの二面性。

図52　P・ジョンソン　AT&T本社ビル、ニューヨーク　一九八四

壁面構成

ルネサンスの壁面構成

人が大地に家を建てはじめてから、柱や壁は梁や床や屋根を支えた。人が入る空間を確保するためである。これは世界共通のことだ。世界の建築を比較できるのはここを起点とする。そうした構造体が三次元空間を内包する。

西洋の建築物は組積造が基本にあった。組積造では構造を支える主要部は壁であり、柱である。必ず壁や柱があり、平屋建（一層）[*1]の場合、一層だけにその構成がシンプルでわかりやすい。

二階建、三階建など多層構成の場合は一層との間の関係、二層、三層との間の関係、場合によっては一層と三層との間の関係が生じる。それらの壁と柱と上・下階の関係を見ていく必要がある。壁や柱が上・下に重なって力（構造）の流れが素直に大地に伝わっていくことは、組積造においては基本的な問題である。

中世の城壁は、攻め寄せる侵入者の足掛かりとなるものはすべて拒絶された。あるとしても城からの攻撃や防御のための見晴らしを目的とした突起だけであった。横の構成であるコーニス（「横線」）が発生する余地も、意味も全くない。むしろ侵入者の意志、攻撃者の意欲をそぐため、城壁は高く、「横線」なしにそびえ立っていなければならなかった。

建物の途中をコーニス（蛇腹、軒蛇腹等）などで水平方向に区画することは、各層の壁面を区画し、壁面のプロポーションを、また各層をアーティキュレイト（分節）させる意味を

＊1　神殿、キリスト教会堂などは基本的には平屋建（一層）の建物が多い。神聖な空間の上を人が歩くことがはばかられたためだ。それゆえ、二層目があるとしても補助的に使われていることがほとんどである。日本の寺院建築の金堂（本堂）、五重塔なども一重だけに空間があり、二重（層）以上に床がなく、闇が拡っているのは神聖な空間の上を歩くことをはばかったことが一つの理由である。鹿苑寺金閣、慈照寺銀閣という日本には少ない重層階建物で、最上階に仏堂が位置するのも同じ理由からであろう。一方、パラッツォは都市内の住まいであるので重層が多い。

持っていた。

ただしゴシックの場合は垂直の方向性が強く、その水平方向（コーニス）の区画は表現としてはるかに弱かった。こうした壁面構成の制約がルネサンス以降自由となった。ゴシックによって構造が究極的と言えるほどまでに追求され、構造が多様に理解される能力が増した結果である。

層ごとに違う様式にするなどの構成はルネサンスに始まったわけではない。古代ローマ時代、例えばコロセウム（図39）は、一層目はドリス式、二層目はイオニア式、三層目はコリント式で、四層目も壁表現だが付け柱のあるコリント式で構成されている。各層を水平に区画するコーニスやアーキトレーヴがある。こうした強い水平方向の区画とは別に、腰高の手すりに、小さな笠木が、弱い水平方向の区画として柱を巻いてまで各階の層をさらに水平に区画し、強弱をつけて壁面を構成している。横の区画があることによって各層の柱頭のデザインを変えても、全体として統一性を失わなかった。

こうした古代ローマの構成を再び、あるいは新たに読み取ったのがルネサンスである。ゴシック的構成からは横に強く区画する考えは生じてこない。すでに記したようにゴシック教会堂は、その建物構成もキリストの身体に喩えられて表現されている。神は一つであり全体であった。分割よりも一体化である。構造や建築構成的にも中心に向かって、一体的に絞っていくものであった。中心性が求められ、細部を全体的中心に向けて集中させていく。

ゴシック様式の建築に比べ、ルネサンスの建物を見ていると、そこに意図されている全体像が見えてこない。そこには神の視線でない人間の眼が意識されていると感じ取ることができる。全体が考えられているとすれば、人間が視覚で意識できる全体が意図されているように見える。神と人間の視線がせめぎ合う。
ルネサンス期に建築家という職能が確立し、人間の意図が表現されてきた。それは人間が見えるもの、見る範囲が強調され、その中でなされた。

組積造で建物の構造を支えるのは壁であり、柱であると記した。それ以外は開口部（出入り口、窓、通路など）である。この柱と壁と開口部の関係を探らなければならない。ルネサンス以降の壁面構成の自由さを見分けるには、これを読んでいく必要がある。

普通は壁や柱のある部分の下階に開口部はこない。開口部は当然、力を伝えないから、上階や横からの力は開口部の両側にある壁や柱に流れることになる。開口部における上からの力は、その開口部のアーチやまぐさなどで受けられる。多くは壁や柱の下は同じ壁や柱の構成となる。力を素直に地面に伝えていくからだ。

しかしこうした壁面構成の原則に反している構造形式がある。[*2] 鉄筋コンクリート造や鉄骨造が考え出された近代建築がその典型である。近代建築は柱、つまり「縦線」が垂直に通っているときは素直な力関係を見せるが、それが崩されるとき、例えばカンティレバー（片持ち梁）構造などは近代以前の建物の構造的力関係とは別の力学的関係を生じさせているため、観察者に異なった力学的バランスで空間を把握することを求めてくる。

だが、近代以前にもその構造が合理的には見えない例はある。例えばヴェネチアのサン・マルコ広場にあるパラッツォ・ドゥカーレ（総督邸、十四～十五世紀、ヴェネチアン・ゴシック〈後期ゴシック〉、図53）である。三層構成で最上層の壁にポツポツと開口部が開いている。一層目、二層目は柱で構成されているが、一層目の柱のベイ（bay《ベイ》、柱間）[*3] の方が二層目のベイ（間《けん》）より大きい。一層目の一ベイに対し二層目は二ベイある。

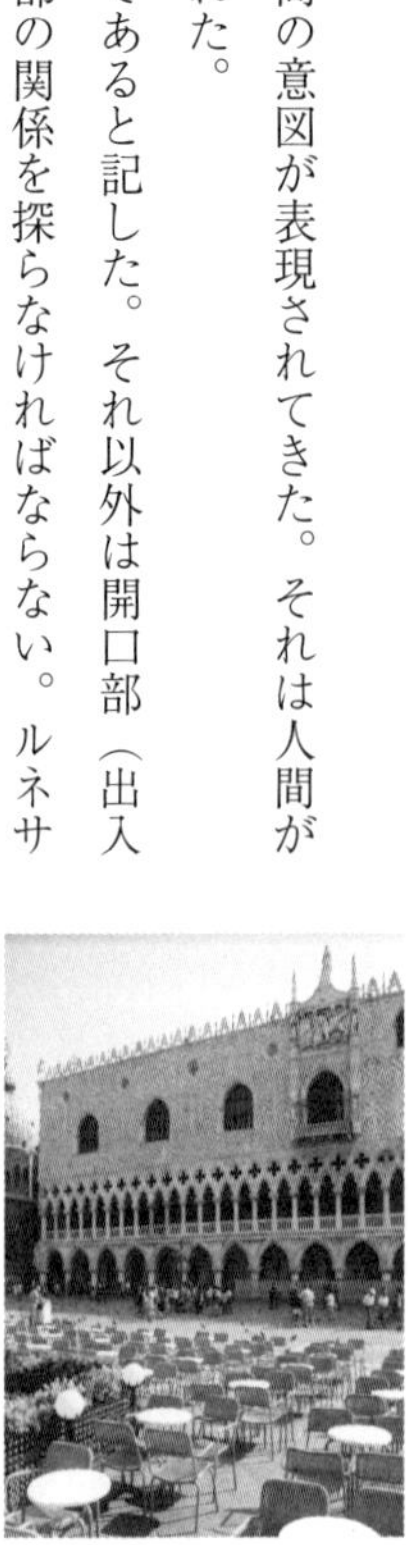
図53　パラッツォ・ドゥカーレ（総督邸）、ヴェネチア　十四～十五世紀

＊2　壁面でなく、構造的（組積造）に上方を張りだすものとしてはペンデンティヴ、スキンチ、スタラクタイトなどがある。

＊3　ベイ（bay）は柱と柱の間、つまり柱間（column spacing）の意味。日本では通称だが「スパン」と呼ばれることがある。

単純に言うと、この壁面構成を全く上・下（天・地）逆さまにひっくり返した方が、構造的には合理的なのである。階高も一層→二層→三層とだんだんに高くなっていくから、階高からも構造的には上・下をひっくり返した方が合理的となる。一般的には一層を壁にし、二層目をベイ構成にし、最上層を小さなベイ構成にすると構造的に安定する。パラディオもこの建物は構造的に不安定だと言っているが、構造的に安定しているからといって、それをすれば建物が必ず美しくなるというわけではない。この総督邸にしても、このままの立面で見て、三層目の壁を別として一層目と二層目だけを見れば、上の方がベイが多いのに見た目に安定している。

柱、梁を線材で考えれば、一層が一ベイ構成で二層が二ベイ構成では一層目に負担がかかるが、それを安定にする工夫がなされている。前記のように一階の階高を低くし[*4]、また一層の柱を太くしてアーチをがっしりと支えている。また二層目の柱は細く、丸い開口部やランセット・アーチを使った開口部をもうけ、スパンドレルの壁面を抜いて下にかかる荷重を軽くし、二層目にかかる力を一層目に伝えるのに、できるだけ負担が軽くなるようにしている。つまり構造的常識を変え、壁面構成の美しさを追求しているのである。脆弱そうに見える緊張した構造的バランスをとりつつ立っている。その緊張した空間性に観察者は惹きつけられる。

こうした歴史を飲み込みつつルネサンスは一見、構造合理的に見える構成をくずして、新しい壁面構成を求めたと言える[*5]。それほどルネサンスの壁面はゴシックと比べ自由になった。ルネサンス期に職能が確立し出し、建築家はその自由性を利用して意図的に表現する。柱は必ずしも構造柱を意味するのではなく、例えば付け柱（ピラスター）として、構造ではなく

＊4　ただしこれほど一階の階高が低いのは度重なる地盤のかさ上げによるという。

＊5　構造的原則を破る方向をとったものとしてマニエリスムがあげられる。例えばラファエロ（一四八三～一五二〇）のパラッツォ・ブランコーニオ正面案（一五二〇頃、左掲）では一階柱の「縦線」が上層階に通ってゆかない。

図54　パラッツォ・ブランコーニオ正面案、ローマ、ラファエロ　一五二〇頃（桐敷真次郎『西洋建築史』共立出版、二〇〇一）

表現としての柱に変えられる。

ゴシック教会堂を見れば、柱の垂直方向の線を横切るものはほとんどない。特に内部空間は徹底している。ルネサンス期の教会堂は柱の上をエンタブレチュアやコーニスが水平に横切って天井や屋根を見切り、区画している。ここに古典建築のファサードを利用したルネサンス建築の特質が現れる。

初期のルネサンス教会堂であるサント・スピリト教会堂（ブルネレスキ、一四五三、フィレンツェ、図55）は、身廊両側のアーケードがエンタブレチュアを支えている。その「横線」が内部空間を、奥の祭壇に向かって水平に通っていく。ゴシック教会堂が柱を強調し、柱の「縦線」を通して上へ上への意識を高めていく空間とは全く違うルネサンスの教会堂空間が現れる。「横線」（エンタブレチュア）を通すことで、その上・下で別々に形をつくることができる。内部空間では入口から入っていくと視線は「横線」に促され、祭壇方向へのパースペクティヴが強調され、交差部のドームのところで意識が上に抜けていくつくり方である。

平面が独特である。身廊・側廊部と、袖廊部ともに幅が四ベイ（偶数間）[*6]であり、全体のラテン十字平面形の十字交差の中心線上に、もう一つ相似形の十字をのみ込んだ入れ子構成の平面となっている（図55）。また内側の十字形が身廊、袖廊部ともに幅が二ベイ、つまり偶数間となっていることは、さらにその中心にもう一つの、線として形成された、見えない十字形が浮かび上がる。これは棟（屋根）の交差線の投影でもある（図24参考）。ゴシック教会堂の内部空間が高く高く立ち上がっていったその先にある棟（屋根）が十字を形取り、それを平面に投影している。この建物の平面は、十字を何重にも入れ子状に重ねて表現されている。

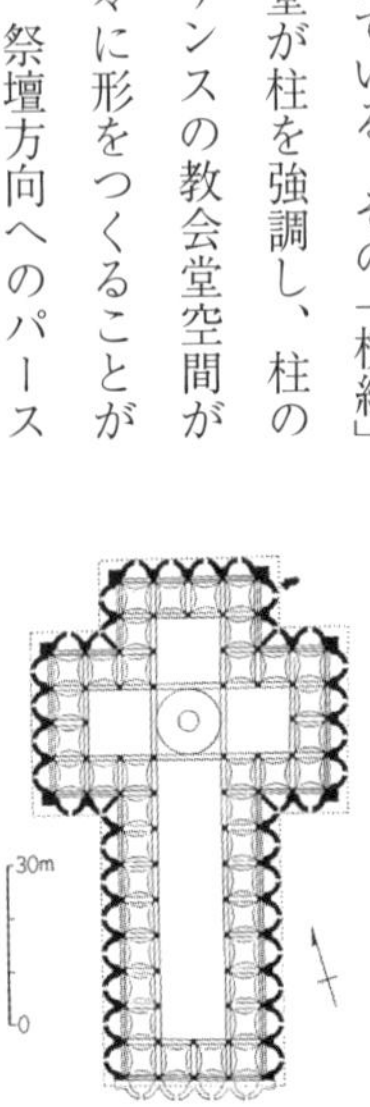

図55　サント・スピリト教会堂内部及び平面図、フィレンツェ　一四三六～八二（日本建築学会編『西洋建築図集』彰国社、一九八一）

＊6　第一章の「シンメトリー（左右対称）」の項を参照。

ルネサンスはゴシックの垂直線と古典建築の水平線と垂直線をともに取り込んで、「縦線」、「横線」を駆使することで新たな建築をつくりだした。

直線の理解

西欧建築を理解しようとするとき、アーチ、ヴォールト、ドームなど、曲線や曲面が強調された部分に目がひきつけられる。しかしその曲線や曲面部だけ見ていても、ヨーロッパの建築は理解できない。こうした特に構造と関わった曲線、曲面に関しては今まで建築史が詳しく語ってきた。

中世キリスト教会堂の変遷は、例えばいかにしてヴォールトを構造的に適切に架けるか、また垂直に立ち上がった巨大な空間を、いかに宗教的感動で信者に受けとめさせるかが問題であったと言われてきた。しかしこれだけではギリシャ古典建築からルネサンス建築までの西欧建築をとうてい理解できない。

問題にされなければならないことは、壁面構成において直線がどう処理されているか、その意図を知ることである。そこに現れる直線を理解しないと、西欧建築はわからないままとなる。アーチやドームやヴォールトが持つ特性である円や球（曲線、曲面、球体）の図形的、力学的完結性を追求しても直線は解けない。特に近代になると陸屋根が現れ、屋根面に水平な直線が多用される。

壁面構成を、建物の表面を区画する直線、「縦線」と「横線」とに分けて見ていく。[*1] 建築において、現在もなおモダニズムが停滞し続けるのは、近代建築におけるこの直線の意味、つまり様式建築における直線と近代建築における直線の扱いの違い、両者の直線が区画する形

＊1 斜線もあるが、屋根、水勾配など自然条件からの理由と結び付けられやすいので、本書ではペディメント以外ほとんど取り上げない。

態の違いが問われてこなかったからではないか。

近代建築の発生を過去様式からの「分離」だけで始めてはならない。建築史において、近代建築とそれ以前は断絶として論じられてきた。しかし同じ建築である。過去とつながっているところが必ずある。モダニズムが今でも長い間続き、どっしりと動かないのは、この過去様式の拒絶を今だスタート地点としているからだ。それを変えれば見えてくるものは変わってくる。この空間史はそこに視点を当てる。

「亀に追いつけないアキレウス」という「ゼノンのパラドックス」がある。つまりギリシャ神話の英雄、アキレウスが先を行く亀に追いつくには、いま亀のいる地点まで走らなくてはならない。しかしその地点に着くまでに亀はその先に進んでいる。さらに亀のいる地点にアキレウスが着くまでにまた亀は先に進んでいる。こうして永遠にアキレウスは亀に追いつけないというのである。このゼノンのパラドックスにおいても、アキレウスがのろのろ移動する亀に追いつけないのは、アキレウスと亀との間の距離だけにこだわっているからだ。アキレウスと亀を越えた前後の関係が全く無視されている。

ここには視点、視線を狭く絞ることの危険が表されている。近代建築を過去様式からの「分離」と限定して出発させてはならない。歴史にはつながるところが必ず派生する。

建築物には縦(垂直)方向の輪郭線、区画線(本書で「縦線」)と横(水平)方向の輪郭線、区画線(本書で「横線」)が入る。ヨーロッパではゴシック教会堂は、神への志向から、「縦線」が強調された。「横線」は控え目であった。ルネサンスになると、その「横線」(コーニス)が「縦線」より膨らんで壁表面に突出し水平方向の区画が強調される。中世から近世への大きな違いである。

図56 フィレンツェ大聖堂 一二九六起工

図57 サント・スピリト聖堂聖器、フィレンツェ 一四八九〜九五建造(ピーター・マレー『図説世界建築史一〇 ルネサンス建築』桐敷真次郎訳、本の友社、一九九八)

ルネサンス初期のブルネレスキ設計のフィレンツェ大聖堂（一四一八設計、一四二〇〜三六、図56）の外壁を見ていると、「縦線」「横線」が激しくせめぎ合い、ルネサンスがひたひたと表に現れ出てきた気配を感じとることができる。それは季節で言えば、厳しい冬から春が芽生えてくるかのようである。

このリブを利用した巨大な二重殻ドームにはゴシック教会堂と異なり飛び梁（flying buttress）がなく、代わりにリング（輪）で引っ張ってドームを固めるという新しい方法が採られている。つまり水平な力、線が現れる。これは力学と関わっている。

ルネサンスが進んでいくと壁面の中空に、つまり「縦線」の支えが全くなく「横線」が浮いてくるものまで現れる。フィレンツェのサント・スピリト聖堂の聖器室（ジュリアーノ・ダ・サンガッロ設計、一四八九〜九五、図57）である。柱が梁でなくコーニスを支えている。二層目の開口部状のものを何と言ったらいいのだろうか。高窓が壁の真ん中で、宙に浮いている。三角と長方形が合わさった図形が壁の中に浮いているように見える。周囲との関係性が失われ、ただ上層、下層の中心軸だけが合っている。これは構造や力学と関わっていない。ミケランジェロのロレンツォ図書館前室（図84）では、こうした「盲窓」をブラケットで受けたように見せていた。

ルネサンス建築は、ゴシック教会堂が獲得してきた上へ上へのデザイン、地上から天に向かうデザインとは違う意図を表現していた。水平に切ることによって地面との関わりが強くなる。

ルネサンス期初めに捨子保育院のロッジア（一四二一〜二四、ブルネレスキ、図58）が現れたときの感動は、空間的な開放感と明快な水平線によってつくり出された。見えにくい部

＊2　鉄のタイ・バーを使用する方法はイスラム建築では古くから使われていた。

図58　捨子保育院のロッジア、フィレンツェ　一四二一〜二四、ブルネレスキ（Peter Murray『RENAISSANCE ARCHITECTURE』Harry N. Abrams, Inc., New York 1971）

分（背後の主建物）から鉄のタイ・バーで引っ張る新しい方法[*2]で空間に明るく抜けた軽快さを獲得している。また半円アーチによって支えられたエンタブレチュアの水平な線がのびのびと続いている。もともとアーケード、コロネードなどは周辺への開放性を求めてつくられるものであり、水平性（水平方向への連続性）を表すものだ。しかしこの建物とそれまでの建物との開放感の差は、当時の人々に新しい時代を予感させるものであったろう。

組積造の基本は積み重なっているということだ。そこに「縦線」と「横線」がせめぎ合う。「縦線」は柱であり、壁である。「横線」は梁やコーニス（蛇腹、軒蛇腹）、エンタブレチュア（アーキトレーヴ、フリーズ、コーニス）などで表現される。コーニスは見切りであるのだ。その見切りどうしの間で、見えないものを見えるようにする。

ただしルネサンス建築では、直線は装飾をはずされた近代建築のように直線そのままに現れてくるわけではない。線は刳形や装飾、陰影を伴って現れる。柱に竪溝（フルーティング）、コーニスにモールディング、いずれも「光と影」（ハイライトラインとシャドーライン）によってその線状体を強調している。

石がつくり出す線は、線を引くことではなく、石を削ることで現われてくる。組積造の柱ではそれを各ドラム（円筒形石材）の上・下で合わさなければならない。これがピッタリ合うことを、古代ギリシャでは「ハーモニー」と言った。直線を現すことが如何に重視されていたかが知れる。[*3]できるだけ一本の線で各壁面を区画しようとする近代建築と、前後に位置する複数の線、刳形で陰影を付けながら表現されるルネサンスの線とは違うことを理解しなければならない。

立面図的には「横線」であっても、平面図的、断面図的には凹凸があったり、曲線で表現

＊3　日本では木において「しのぎ」という難しい線の現れ方がある。

される。そこに、できるだけ一本の線で区画しようとする近代建築以降の線のあり方との違いがある。逆に言えば、近代建築がたった一本の線で空間を切ることの直截的な表現の意味がそこにある。

近代建築はコーニス（蛇腹）を否定した歴史でもあった。つまり一つの面の壁に見切りなしで壁面構成する方法を見つけることが必要であったのだ。そこではマッス（量塊）や分節化などが重視される。ここに近代建築が成し遂げた意味が現れる。

近代建築と線

近代建築は外形であろうと内部空間であろうと、形の線、特に輪郭線をできるだけ一本に納めようとしてきた。また面もシンプルにできるだけ平坦にしようとし、工業生産がそのことを可能にした。近代以前では線の数にはこだわらなかった。装飾ばかりでなく、線的な部分も複雑な陰影が生ずるようにし、また仕上げ面は必ずしも均一ではなかった。

近代以降のコンクリート打放しなどのブルータルな壁面仕上げもロマネスク、ゴシック、ルネサンスの教会堂の部分、部分の壁石仕上げと比較すれば、その粗さは近代以前の方が激しいことが多いのではなかろうか。パンテオンの円堂部分外壁のレンガ積[*1]（図19）を見れば、いかに粗々しく積み上げられたか想像できる。そこに力強さも感じる。

ガウディやオットー・ワーグナー、F・L・ライトなどは壁面構成に線が増えることにこだわらなかった建築家たちである。近代建築と一口に言っても線や面の扱いに各々違いがあった。近代建築における線や面の特性を見いだしていく必要がある。ミース、ル・コルビュ

＊1　この上に仕上げが施されていたとも言われている。

ジエとオットー・ワーグナー、F・L・ライトとの表現にはこの線の扱いに違いがある。

西欧の近代建築がフラット・ルーフ（陸屋根、水平屋根）を多用するのは、水平屋根は一本のエッジの線が強調され、シンプルで明快であるからだ。外形の輪郭線を減らすこと、一本の水平線にすることが意図されていると考えられる。

ル・コルビュジエの初期作品であるシュウォッブ邸（一九一六、図59）のファサードの庇、及び頂部コーニスによる見切りは近代建築以前、いわばルネサンスの流れをいまだ引きずっている。*2


また水平線をもつ屋根の重なりはどこまでも続く起伏（アンデュレーション）のあるヨーロッパの土地では建物の存在、人の存在を明確に提示しうる形であった。

ヨーロッパ、例えばイタリア、スペイン、フランスなどの建物の建ち並ぶ都会でなく、地方を旅していると、日本の地方の景観との大きな差に気づく。ヨーロッパでは、平地ばかりでなく、傾斜地を含め、農地がうねるようにどこまでも延び広がっている。麦畑、果樹園、オリーブ畑、牧草地などである。この平地のつながり、起伏の連なりが、野を越え、丘を越え延々と延びていく。その中の水平な屋根の存在は人の存在、建物の存在を明示する。

日本ではこうした風景に出会わない。日本には、はるか弥生時代から水田が広がっていた。すでに縄文時代の末には稲作が始まっていたとされている。

水は水平面を保たないと安定しない。高低差があると、高い方から低い方に向かって流れ出すという大きな特性を持っている。それゆえ、水面という水平な面が高さを変え、連なって農地が形成されていく。

稲作（水田）文化が、ヨーロッパのどこまでも続く起伏に広がる畑の文化と大きく異なる

図59 シュウォッブ邸、ラ・ショー・ド・フォン（一九一六）（ル・コルビュジエ『建築をめざして』吉阪隆正訳、鹿島出版会、一九六七）

*2 比例も強調されている。

ところは、水田という微妙に高さを変えた水平面が、平野を埋め、川筋の脇を山の上の方にまで上がってゆき、日本の景観をつくっていることだ。その景観の基本的な特性は水平面の重なりなのである。水田の文化は日本の建築文化にも大きな影響を与えてきた。*3

こうした土地の水平面、水平線の重なりの場では、日本の急な傾斜屋根は形が目立ち、水田の水平線の重なりの中で家の位置がわかりやすい。人の存在、建物の存在を露わにする。フラット・ルーフ(陸屋根、水平屋根)では建物の存在を主張しがたいであろう。屋根の防水技術が発達しても、特に農村に水平屋根の建物が定着しない理由は、こうしたところにもあるのではなかろうか。

*3 拙書『地方をデザインする——地方からの発想——』秋田魁新報社、二〇〇三年。

パラッツォ

パラッツォはルネサンスの富裕な市民の大邸宅である。宮殿や政庁を言うこともある。都市の郊外、田園に建つものはヴィラと呼ばれた。こちらも庶民の住宅ではない。パラッツォと異なり、ヴィラは広い敷地の中に建てられた。建物の高密性を考える必要はなく、むしろ自然や、田園に接することが求められた。ルネサンスはこうした中層、低層両方の建物の壁面構成を追求した。

屋根は、アンデュレーション(起伏)のある土地、傾斜した土地が多かったから、そうした場所では丘の上から、またその途中からも歩きながら連続的に見られた。屋根にはその土地の土を使った瓦などで葺かれた。色も質感もほとんど近似したから、街全体の色調、材質、質感などが調和した。

パラッツォは都市が高密度化していくため、低層ではなく中層化していく。それは広場や道に向けた正面性を強めていった。

直線のあらわれ

ルネサンス初期のパラッツォ・メディチ−リッカルディ（フィレンツェ、一四四四〜五九、ミケロッツォ〈一三九六〜一四七二〉）の外観ファサードは、コーニスによって三層にはっきりと分かれ（図60）、一階はルスティカ仕上げ[*1]の粗い壁的表現でところどころに大きな開口部がある。二、三階の壁面は順次平滑に仕上げられ、そこに配された小さな開口部は幅が同じで「縦線」がそろっているが、それらは一階の開口部とは「縦線」が合っていない。「縦線」を通そうという意図がない。一階と二、三階のファサードは別のものである。「横線」はそろえ、「縦線」をそろえることが考えられていない。コーニスは各階を区画し、そのことを可能にさせるのである。しかし縦に立面を見れば違和感が生ずる。ただし、全体を見れば一階の壁量は二、三階より多いから構造的には安定して見える。

中庭（三ベイ×三ベイ）側に廻ると、一階開口部（アーケード）の上に二階の開口部が来て、開口部幅は違うが、各開口部センター（中心軸線）は同じである（図61）。しかもこの四方を巡るアーケードはコーナー・ディテールを柱一本で押さえており、どちらから見ても同じ納まりである。形は古典的に完璧に納まっている。この外観ファサードと中庭側のファサードの差に驚かされる（図60、図61）。

ただし、二階のコーナーで隣り合った窓が、その他の窓との間隔より近くなり過ぎる問題が生じる。上・下階で柱と壁を合体させた結果である。中庭など入隅で起こりやすい問題で

図60 パラッツォ・メディチ−リッカルディ外観、フィレンツェ 一四四四〜五九（桐敷真次郎『西洋建築史』共立出版、二〇〇一）

*1 ルスティカ仕上げは石造でなく、砕いた石片を石灰モルタルに混入して塗りつけ、これに目地を入れて石壁のように見せる仕上げである。石壁に比べ安価である。近くで見ると石とは見えない。それこそ人工的で、粗く仕上げられた壁的なものである。

ある。

外観正面ファサードは「横線」によって三層に分かれていると記した。しかしともに壁の表現でも、その三層の各々の壁が違う。同じ組積造の壁としての表現だが目地の深さが違っており、下層になるほど深くなっている。つまり上層階ほど目地が薄くなり、最上階では目地面は石面とほぼ同じで、全くと言ってよいほど平面的である。一階の目地が深く、粗い石の表面に見せるルスティカ仕上げ面と比較すると、壁の彫りの深さが全く異なる。コーニスによって区画されてはいるが、同面《つら》の壁の上でなされている。逆に言えばコーニスが非常に生きて、その上・下の区画性が効いていることである。コーニスが果たす役割である。

この三層で各層、壁が主調で各階をコーニス（「横線」）が区画しているファサードは、そのすぐ後のアルベルティ設計によるパラッツォ・ルチェライ（フィレンツェ、一四四六〜五一、図62）も同じである。同じ三層構成で各階をコーニス（「横線」）が区画しているが、各層の壁面に柱型（付け柱）が取り付けられ、三層とも縦方向同じ位置にある。各層の壁面において「縦線」が強調された例である。そのため、構造的合理性が明快に表現されているように見えるが、この柱は付け柱である。

その一番出っ張って最も強い表現の「横線」（コーニス）から少し控えて付け柱があり、さらに少し控えて壁面がある。その柱間の壁の中に開口部が開けられる。二、三層は柱と開口部との間にはいわば窓枠的方立とアーチが一体化しているが袖壁的なものはない。

それは各層を「横線」（コーニス）で区切って、各階を水平にアーティキュレイトしただけで「縦線」では区画しないパラッツォ・メディチ－リッカルディとは異なった方法である。各階（三層）の水平ゾーンの強い区画を、さらに少し弱い付け柱という「縦線」によって区

図61 パラッツォ・メディチ－リッカルディ中庭 一四四四〜五九（図は、日本建築学会編『西洋建築史図集』彰国社、一九八一）

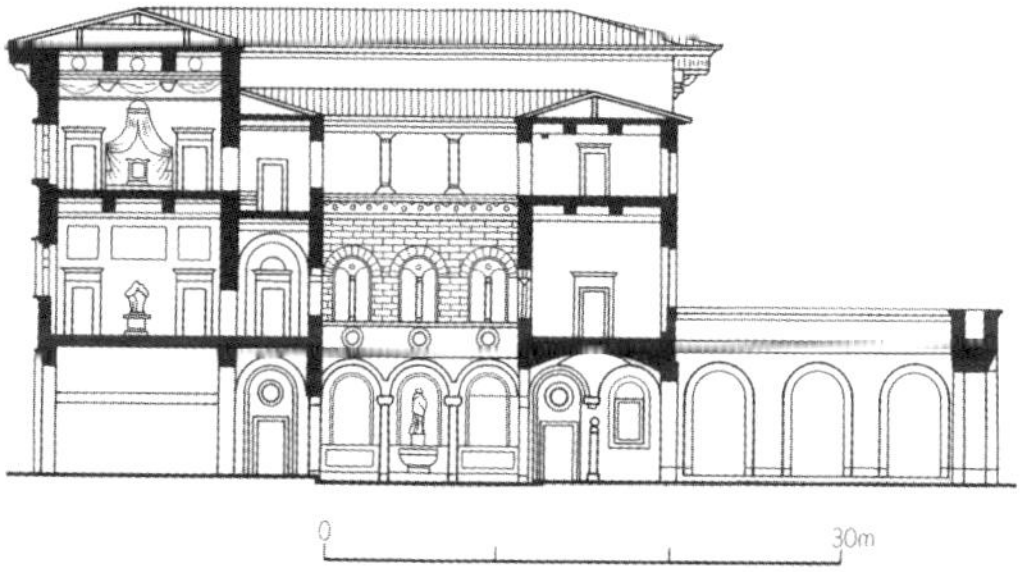

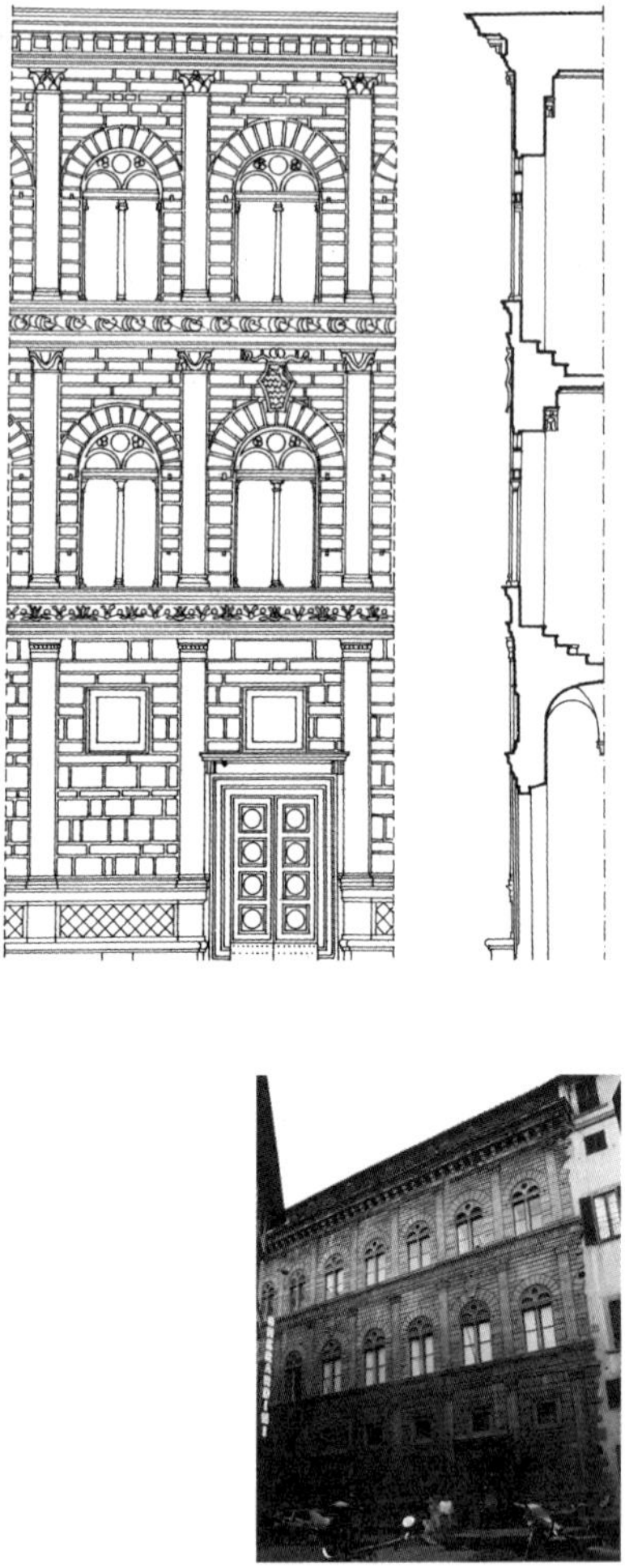

図62 パラッツォ・ルチェライ、フィレンツェ 一四四六〜五一 立面図、断面図（Peter Murray『RENAISSANCE ARCHITECTURE』Harry N. Abrams, Inc., New York 1971）

画している。区画に強弱のリズムが働いている。

パラッツォ・ルチェライでは、このコーニスの壁面からの出っ張り[*1]が小さくなっている。「横線」であるコーニスは強調されるが、柱（付け柱）や壁面はそれからわずかに引っ込むだけである。そこに生じてくるのは、そのファサードにおいて区画線の影が浅くなることである。つまりファサードの彫りが浅くなるのである。ギリシャ古典建築の独立柱で引き起こされる光と深い影の表情とは違った平面的な表情を引き起こす。ルネサンス建築では、実寸的には浅いファサードを読んでいく必要が生じてくる。

一方でルスティカという粗い仕上げがよく用いられ、壁面に組積造の目地やパターンの陰影を強調する。しかしそれはあくまで面的な表現である。

ルネサンス最初の建築家といわれるフィリッポ・ブルネレスキ（一三七七〜一四四六）に

*1 正面から見た場合、側面の奥行き方向の寸法である「見込み」、また開口部の場合「抱き」ともいう。

よるパラッツォ・ピッティ（フィレンツェ、一四五八〜八五、図63）のファサードは手摺のついたコーニス様の水平の出っ張りで三層に分かれている。柱は表現されておらず、一階に大きい開口部がある場合も、その上には中心軸線をそろえて二、三階の小さな開口部があって、つまり構造を支える壁位置が上・下そろっており、構造的にも素直である。それより前に建てられたパラッツォ・メディチ−リッカルディ（一四四四〜五九、図60）と似た構成であるが、構造的にはより合理的に見える。

　しかし開口部上のアーチを受けているのは柱ではなく壁である。古代ローマのアーチの受け方と変わらない。例えばこの納まりは、エトルリア・ローマ時代のものと言われるペルージアの市門（アウグストゥスの門）（前三〜二世紀頃）のアーチの受け方に見られる。

　パラッツォ・ピッコロミニ（ピエンツァ、一四五九〜六四頃、図64）は各層コーニスが廻っていて三層に区画されている。上階に行くほど階高は低く、柱も上階に行くほど細く見えている。そのため外観は非常に構造合理的に見える。しかしすでに記したようにこの立面のコーニスのところに床はなく、柱は付け柱である。外観をつくり出すという意味ではパラッツォ・ルチェライを越える傑作である。

　開口部位置、形は二、三層同じである。一層の開口部は入口を除いて小さいが開口部センター（中心軸線）は三層同じである。一層と二、三層のデザインが異なる。付け柱も三層に縦筋をそろえて表現されている。一層目の付け柱は壁と同じ深めの目地を持つ組積造の表現となっている。しかし二、三層の柱は横目地が薄くなっているようにもないようにも見えるが、図面では一層より薄目の目地がついている。一層目の壁から柱が生じ、浮き上がり、二層目からその柱型が少しずつ付け柱として表現されていく過程がそのままに表現されている

図63　パラッツォ・ピッティ、フィレンツェ　一四五八〜八五

ように見える。柱が生まれ出る過程と錯覚する。

二、三層の柱型（付け柱）と柱型（付け柱）との間は開口部上部のアーチと袖壁が溶解している。つまり開口部アーチを受けるものが柱や付け柱でなく、周囲の壁と溶解しているのである。前述したパラッツォ・ピッティと同じ表現である。

この建物の壁面に並ぶ柱型は何なのか。一階を見ればこの壁面に柱型がなくても成立する。下層に行くほど柱の影が薄くなり壁的表現が強くなる。それまでの柱や壁といった構造体を明確に決定していた要素が希薄化していく。つまり古典建築やゴシック建築が求めてきた明

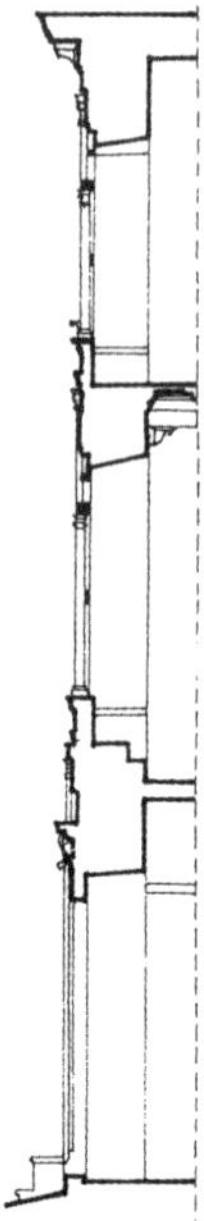

図64　パラッツォ・ピッコロミニ、ピエンツァ　一四五九〜六四頃（ピーター・マレー『図説世界建築史一〇　ルネサンス建築』桐敷真次郎訳、本の友社、一九九八）

快性から別の方法を求めたのだ。柱や壁は、構造を支えることから解放され、壁面を表現する要素として扱われている。

この建物では壁の表現は一階から三階まで同じだが、柱の表現が変わっていく。ここには柱がこれまでの構造柱の要素を失っていることが露骨に表現されている。一層から上層へと見てゆけば、壁の中から柱が生まれ出る過程を順次見ているような気がする。ルネサンスは柱を構造的制約から解き、自由に生み出すことができたのである。

上記パラッツォ・メディチ-リッカルディ（図60）で記した壁面の仕上げであるルスティカという石の粗い表現も、壁を壁のように表現するばかりでなく、壁以上に壁的に、つまり石を一つひとつ積んでいることを強調した壁（面）として表現しようとしている。一層目のルスティカの激しい壁表現から、二、三層へはだんだんと彫りの薄い壁表現に変化していく。同じ平面での壁面構成上で表現を変えること、つまり同一面に三種類の壁表現を見せることは、今までの壁と違うことを明らかに提示している。つまり壁を壁として表現するのではなく、壁的であるよう強調し、意図的に表現しているのである。ここでは各層（階）を区画するコーニスは、各層（階）の壁の表現を変えることを強いているように見える。

パラッツォ・ピッコロミニとパラッツォ・メディチ-リッカルディの壁や柱で表現されているのは、従来の構造的要素、力の流れとしての表現に対する変革である。こうした意味では、ルネサンスは「古典復興」というばかりでなく、古典建築を越えようとしていた。

ルネサンスでは壁面構成をどう表現するかが問われていたのである。付け柱がある場合とない場合があり、ある場合は、パラッツォ・ルチェライでありパラッツォ・ピッコロミニであった。壁の場合がパラッツォ・メディチ-リッカルディである。壁も付け柱も壁面を構成する要素であったのだ。

ルネサンスでは柱（付け柱）と柱（付け柱）の間は自由に表現できた。付け柱がない場合も壁面を自由に表現できた。柱があるようにもないようにも、壁面を構成することができたのだ。

こうしたファサード、造形、壁面構成の自由性こそ、個性という考え方が発生し、醸成されはじめたルネサンスにはっきりと現れたことである。比例を越えたものが求められていた。建築空間は比例という数学的結果ではなく、観察者によって目前に見られた空間から感じとられるのである。むしろ比例はつくる側にとっての方法の問題であった。そして比例は壁面構成の基本的要素、つまり普通の要素とされていき、新しい壁面表現を構成する要素と距離をおいていく。

付け柱

ギリシャ神殿建築は独立柱を欲した。柱一本一本を壁から離し、全体として均質性を保持しようとしている。均等に上部からの力を支え、見え掛かりも同じにしようとする。その均等性をコーナー・ディテールに完成させようとした。

付け柱（ピラスター）という概念が現れてきたことが重要である。ルネサンス建築の付け柱は古典様式を利用する形で現れる。その建物の構造形式を表すのではない。それは壁に比べ象徴性を伴っており、ゴシック建築の付け柱のように「縦線」を強調するためにあるのではない。ゴシックの付け柱とルネサンスの付け柱では空間に与える意味が全く違う。

すでに古代ローマに付け柱的な考えの実例が見られる。凱旋門の柱は付け柱であった。たとえ独立させているとしても、それは突出したエンタブレチュアを支えているだけで、アティック（屋階）を構造的に支えていない（図21）。

アルベルティのサン・フランチェスコ（リミニ、一四五〇～六八、図65）の凱旋門モティーフは付け柱の「付ける」という在り方を強調している。付け柱のコーナー側に壁が大きく出ている。つまり壁の前に付け柱がついている状態をはっきりと解るように示したのだ。付け柱がなくても構造的に成立する。[*1]

アルベルティが求めていたのは古代ローマを引き継ぎながらルネサンスをつくり出す方法である。職人出身でない彼の出自（ボロニア大学出身）が、それにこだわることを方向づけている。

ルネサンス建築において共に付け柱として角柱と円柱をファサードに表す建物がある。例えばイル・レデントーレ聖堂（図70）やイル・ジェズ聖堂（図83）である。独立した角柱は対角線方向から見ると当然、角柱の幅より太く見える。しかし壁面からわずかに出た付け柱では、太さにおいてどちらから見ても同じ太さに見える円柱的な扱いができる。つまり壁面構成のプロポーションにおいて扱いやすくなるのである。ルネサンスにおいて角柱を自在に使えるようになったのはこうした付け柱にする操作性を理解した結果である。既述したパラッツォ・ルチェライやパラッツォ・ピッコロミニの角柱付け柱が表す論理性はここからやってくる。ファサードが凹凸の少ない平面性を帯びてくる理由でもある。

パラッツォ・ファルネーゼ

ルネサンス建築は意図性の強い現れであった。パラッツォ・ファルネーゼ（ローマ、一五

＊1　バロック期になると付け柱を壁面から突出させ、柱型を一層強調するものが現れてくる。

図65　サン・フランチェスコ、リミニ　一四五〇～六八（日本建築学会編『西洋建築史図集』彰国社、一九八一）

三〇〜四六、図66）の正面側は三層が「横線」（コーニス）で三分されているが、各層に柱がなく壁で構成されている。その中庭側は三層が「横線」（コーニス）で三分され、しかもその三層を柱が支える構成となっている。こうして表と裏のファサードが全く変わる。表側と裏側との間で壁と柱が溶解していることになる。

西欧の空間が中庭をとる平面であるとき、外観と中庭の関係が生じる。パラッツォ・ファルネーゼでは壁で表現される空間と柱で表現される空間が一体化している。ここにルネサンスの壁面を構成する自由さが現れている。それは操作性、作為性である。

外観と内部空間との関係は建築発生以来あった。それはすべての建築空間がもつ特性である。彫刻や絵画とは違い、建築は三次元空間を内包する。

建物が中庭のある平面をもったとき、さらに外観、内部空間、中庭という三つの関係が生じた。ルネサンスのパラッツォは中庭をもつことが多く、一階は中庭側に多くがアーケードをもった。

都市が過密化し、隣家が接している状況で建物の各階、各室への光や空気を引き込むこと、人の動線（流れ）を中に引き込むことを考えると、少しでもよい都市環境を取り込み、健康的な生活をするためには中庭のある平面構成を採ることが自然であった。

パラッツォ・ファルネーゼの中庭側の各階の柱はコーニスによって水平方向に切られている（図67）。それゆえ、各層の柱のデザインを変えることができた。

正面ファサード側は柱で表現されていない。壁にポツポツと独立した開口部が開けられている。開口部センター（中心軸線）は三層とも一致している。壁を基調とした壁面構成である。

図66　パラッツォ・ファルネーゼ、ローマ　一五三〇〜四六

外部からアプローチし中庭に入っていくと、外観のイメージとは全く異なる空間、一層から三層まですべて柱が強調された空間に驚かされる。壁の構成から柱の構成への変換である。一階中庭はアーケードで囲われている。ここには人の動きが考慮されたシークエンスにおける空間の変質が意図されているのを見ることができる。

この建物は一人の建築家が設計したのではない。サンガッロ（一四四五〜一五一六）とミケランジェロ（一四七五〜一五六四）の手が加わっている。一階、二階をサンガッロ、三階と二階一部をミケランジェロが設計している。

各層のファサードが別の建築家によってデザインされているのは、まさにルネサンスの壁面構成の自由性を象徴している。他人によって設計された形を利用しながら自分がつくる形を決めていくのである。つまり後の人が手を加え、自分の担当した部分を過去の形と一体化する。これができるのは各層の壁面がコーニス（「横線」）によって区画されているからである。コーニスの存在意味がここに明確に示されている。

正面ファサードは左・右の両端を粗い切石積み（コーナー・ストーン、隅石）で押さえられ、区画されている（図66）。それは絵画における額縁のようである。つまりこの枠の間でファサードが構成される。しかし各階を水平に分けるコーニスが、この両端のコーナー・ストーンから突出させられているので、両端の縦枠による区画より、各階を別々に構成することの方が強調されている。こうした「縦線」、「横線」の関係を読んでゆかなければならない。観察者の視線の当て方によって区画の見え方が異なってくる。

パラッツォ・ファルネーゼの中庭側のファサード（図67）は四面ともに五ベイ（間）である。すべて奇数ベイ（奇数間）[*1]で、中心ベイ（間）がある。この中庭は徹底した正面性の集

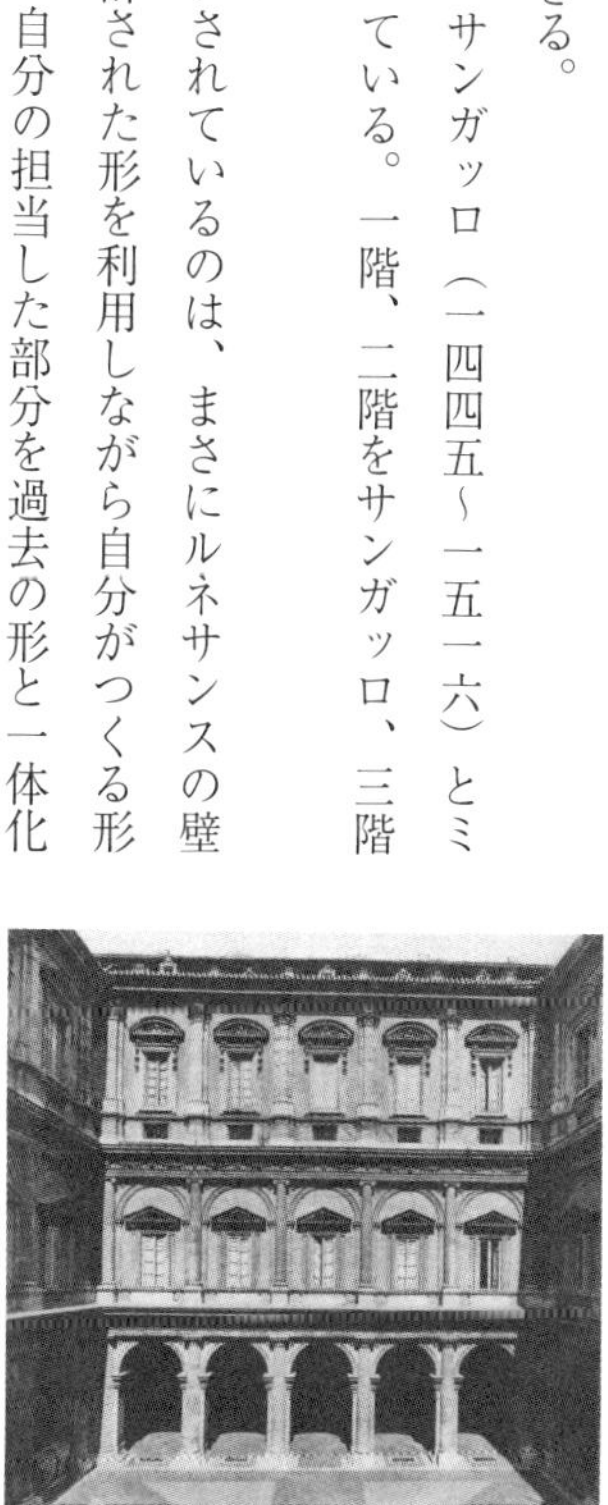

図67 パラッツォ・ファルネーゼ中庭側（Peter Murray『RENAISSANCE ARCHITECTURE』Harry N. Abrams, Inc., New York 1971）

*1 間口が奇数間の建物はその方向の正面性が出しやすい。

合である。外部からの入口も中心にある。

ただしコーナー柱の納まりは、古典的な解決はなされていない。中庭側ロッジアの独立柱両袖にアーチを支える柱型が付いている。パラッツォ・メディチ－リッカルディ（図61）の一本の柱で納めた中庭側コーナー・ディテールの納まりとは異なる。

パラッツォ・マッシモ

ペルッツィ（一四八一～一五三六）設計のパラッツォ・マッシモ（ローマ、一五三五～、図68）は前面道路の湾曲に合わせて平面、立面を構成している。都市化、高密化が進み、敷地一杯に合わせて建てなければならなくなったときの造形化である。

一階の柱が支えているのは二階、三階、四階と壁が重なり通っている部分である。その二、三、四階の壁を一本の柱では支えきれず双柱で支え、壁を抜く。そのことによって入口廻りを「ピロティ」のようにして開け、柱が上の階の壁を支えた軽快な入口ファサードである。中世の住まいより開放的になったパラッツォだが、外部側から中に入る開口部は絞られていることが多い。中庭へ入るアプローチ、そのファサードへの影響に新しい方法が試みられている。

一階と二階の間にはコーニスがあり見切られているが、二、三、四階はつながった一枚の壁表現であり、三層分の壁面にポツポツと開口部が開けられている。つまり三層分のコーニスを排除した近代的とすら言える表現をしている。

中庭は少し奥まったところにあるが、三ベイ（間）の独立柱が向き合い三層分、軸線を通し、ピロティ的に扱った軽快なものである（図69）。

図68　パラッツォ・マッシモ、ローマ　一五三五起工（日本建築学会編『西洋建築史図集』彰国社、一九八一）

新たな壁面構成

ルネサンスの建築家は四方向からの正面性を、古典建築のディテールとして扱うことができず、それを都市化の中では、中庭という囲われた外部に向けたファサードで回復しようと試みた。パラッツォ・メディチ＝リッカルディの中庭側（図61）はその四面性がコーナー・ディテールまで完結した姿を獲得している。しかしそうした例は数少なかった。

ルネサンス建築は「古典復興」を、外観においても、また中庭に向けても行ったが、その両者は一つの建物において、外観ファサード側、中庭ファサード側と、向いている方向（正面）を異にしていた。都市における一つの建物であっても外観側と中庭側は別の扱いがなされ、過密化の中で、両者それぞれ別々に向かっている方向に対し表現された。場合によっては一つの建物において、外観側と中庭側が、壁表現と柱表現に離反し合体していた（図60、図61また図66、図67）。ルネサンスは一つの方法、あるいは表現で建物の内・外・中庭側すべてを納めていくのではなかった。そうした、方法や表現の重層化において見切りが重要であった。それを階構成、層構成において、最も有効にその役割を果したのがコーニスである。

各階の開口部、柱、壁の形、デザインがなぜ違うのか。それは構造あるいは内部やその他の機能から来ているのではない。ファサードの形を整える造形であった。各階の設計者が違っても、担当した部分のデザインの整合性と、それが加えられた後の全体の整合性がともに試みられることで、ルネサンスの造形は納まっていった。

都市の高密度化が進み、平屋ではなく二層なり三層、四層の建物の壁面構成をどうするか、それがルネサンスのパラッツォ表現の課題であった。各層を「横線」（コーニス）で区画する

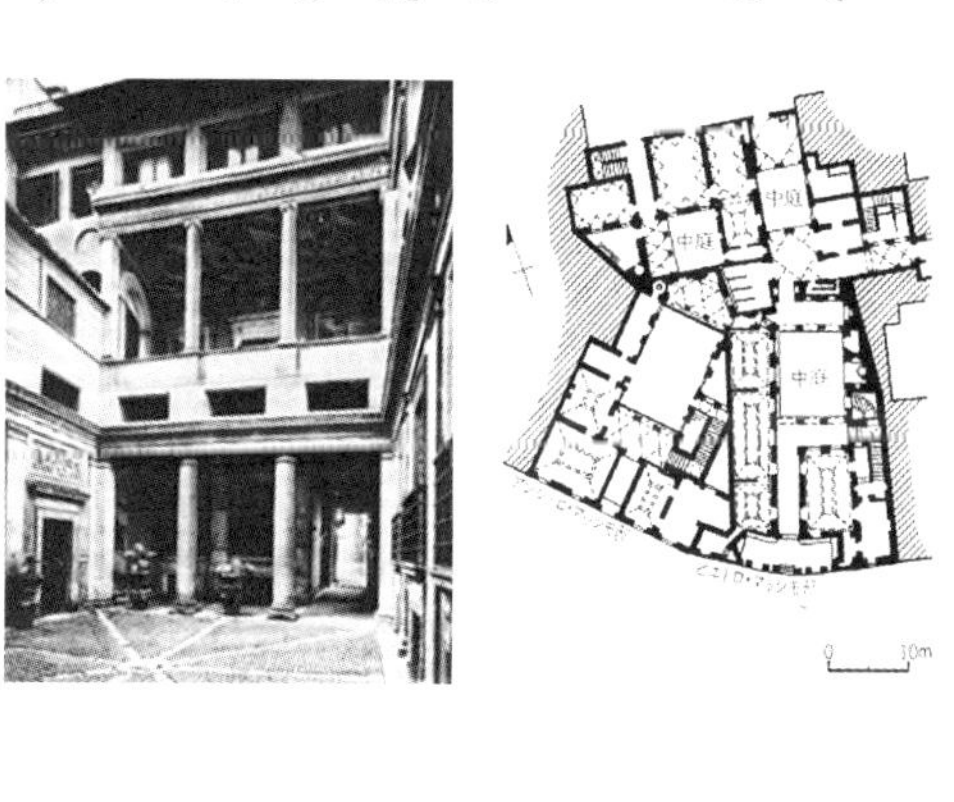

図69　パラッツォ・マッシモ中庭（日本建築学会編『西洋建築史図集』彰国社、一九八一）

ことがそのことを可能にし、その上で「縦線」と「横線」の表現をどうするか、それが求められた。複層化した壁面において、コーニスを操作すること、あるいはコーニスによって操作することがルネサンスの方法となった。

すでに西洋建築史において、アーチやヴォールトはゴシック建築に至って頂点まで追求され、建物を支える構造などに視点をおいた分析は徹底してなされてきた。

ルネサンス建築における壁面構成の特徴の一つは、ファサード全面におけるプロポーション、つまり「縦線」、「横線」の配置、また壁と開口部の配置が整っていることだ。また「縦線」、「横線」によって区画された一つひとつの壁面の中でも整っていることだ。整った区画が重なっていく。

さらに観察者の視覚が自由に選びとった区画の重なりをも整合させ、プロポーションを釣り合わせ、そして再びファサード全体を納めていく。ルネサンス建築は神の視線でなく、人間である観察者が見る額縁を自由につくっていく視線によって見られた。その視線に耐える壁面構成でなければならなかった。

そういう意味でルネサンスは、すでにバロック以前に視覚において動的であった。動く視線に対応させようとする意識を見ることができるからである。

イル・レデントーレ聖堂（図70）のファサードを見ていると、建物の表面性にこれほどまで執着して表現された建物はないのではないかと思えてくる。このファサードに向かうとき、観察者は自分が囲い取った枠の中で建物を見ていく。何重にも重なった枠（切妻〈ペディメント〉）が構成され、全体は見えてこない。ペディメントは重ねられるだけではなく、最もメインとなる古典様式のファサードによって強いイメージが浮き出る。しかし、その正面に建

図70 イル・レデントーレ聖堂、ヴェネチア 一五七六～九二

つ柱は円柱と角柱両方で構成され、後方のドームは頂部にランタンを載せ、基部はドラムで高く支えられている。古典やゴシックとは異質なものである。

内側の二本の円柱は間に挟まれたペディメントをもつオーダーに目を向けさせる。こうした一つひとつのファサードが奥へ奥へと向かい、あるいは反対に、奥から表面へと浮き出してくる。それはファサードの自由性と言ってよい。

ルネサンスの建物を比例だけで分析しても建築家の意図は解けていかない。むしろそれまでの壁面構成を解体している意図の方が強い場合が多々ある。統一を簡単にはせず、いくつも避けている。それは統一というよりさまざまな面の重ね合わせである。しかし全く自由に重ねられているのではなく、支えるべきやり方を決め構成していく。その基本が「縦線」であり、「横線」、つまり直線である。壁面の基本はドームやヴォールトなど求心性を帯びたものから派生する曲線ではない。コーニス（水平線）は上・下を分ける強力な分割線であった。そしてそれらは途中で分断あるいは消えても端部で再びつながる可能性を求める線であった。＊1

こう見てくるとルネサンスは、実は「古典復興」という名ではあっても、新しい形式をつくりあげたのだ。古代とルネサンスの間に長い中世があったことが大きな影響を与えている。中世ゴシック建築が、構造に対する理解を高度に磨き上げ、ルネサンスが新たな形式をつくり出すのに、構造に対する自在性を与えたからである。

ルネサンスの造形とゴシックの造形との間には、はるかな差がある。当時の人々にとって、激しく新しいと感じられたに違いない。それがゴシック建築の育たなかった風土、明るい地中海に面し、古代文明の栄えたイタリアに生まれた。つまりゴシックに対する批評性を生み出しやすい土地であったといえる。

＊1　こうした方法はイル・レデントーレ聖堂ばかりでなく、後記するサン・ジョルジョ・マッジョーレ聖堂にも現れる。またブロークン・ペディメントもその方法のひとつである。

しかしこの時代は建築、芸術、文化における「古典復興」ばかりでなく「大航海時代」、「宗教改革」、「反宗教改革」など政治、宗教、経済、文化、科学、技術などの大きなうねりが、重なりあいながらつながっていく時代であった。さまざまな分野が相互に刺激し合っていた。

■「理想都市」の図

パネル画「理想都市」（ピエロ・デッラ・フランチェスカ、ウルビノ、一四四五頃、図71）にはさまざまな建物のファサードが描かれている。

四角いファサードのもの、円堂、四角い柱だけで構成されたもの、角柱と円柱が混ざったもの、柱で支えるもの、袖壁のあるもの、ないもの、柱のない壁だけのもの、ペディメントのあるもの、ないもの、アーチ構造の部分、柱・梁構造の部分、上・下で角柱と円柱と違うもの、互い違いになるもの、コーナーに柱が立つもの、立たないもの、開口部が四角く刳り貫かれているもの、アーチの形のままに開けられているもの等々である。

ここに見えるのはルネサンスが成し遂げてきた形がさまざまに現れ、それらが集まって街をつくりあげている様子である。そしてコーニスはすべからくどの建物にも各層廻っている。それは共通項（コーニス）と異なる性質（建物の形）とをともに並べて成立している都市空間である。これがルネサンスの「理想」の都市空間であったのだ。ここにはルネサンス建築の基本が集合している。

この図が「理想」であるなら、ルネサンスの都市は一つの建築様式で統一することを意図していない。むしろ多様な正面性を持つさまざまな形の建物が集合して、都市を形成するこ

とが考えられていたのだ。ゴシックのように建築の唯一の形式を追求することとも違い、また後の絶対王政の都市（街路）景観づくりとも違う市民性を感ずることができる。

図71「理想都市」の図（ピエロ・デッラ・フランチェスカ）一四四五頃
（Peter Murray『RENAISSANCE ARCHITECTURE』Harry N. Abrams, Inc., New York 1971）

日本建築の壁面構成

ルネサンス建築と日本建築における各層の区画

ルネサンス建築の各階壁面の区画は、壁から突き出しのあまりないコーニスによって外壁という平面の上でなされた。コーニスは構造と関わらない。水平のコーニスを設置することは各階のデザインを自由にすることだ。各階のデザインを変えることができる。コーニスはそのために付けられたといってよい。

一方、日本建築の外観の造形も一層ごとに水平方向に見切られる。しかしそれは屋根であり、軒によってである。コーニス（蛇腹）によってではない。屋根、軒という外壁から突き出した構造と深く関わる建築構成物で水平に仕切られる（図16）。日本では出雲大社のように妻側が正面の場合もあるが、桁行き側に正面を見せる建物が多い。伊勢神宮正殿がその典型である。寺院建築もそうした見せ方がほとんどである。水平の長い軒、屋根が立面を構成する。

外観においては屋根が強調される。日本の木割りというモデュールの基本のひとつが垂木の間隔や大きさからきているということは、外観、しかも屋根の形、見え方が重視されていたことの証左である。

日本と西欧とでは軒のつくり方は全く違う。日本の軒は外壁から長く突き出ていて、しかも屋根と一体となっている。ほとんど各層（重）に屋根が付く。西欧の、例えばパラッツォの軒は多くは外壁から出ていても、建物外壁の高さに比べ短く出ているだけであり、多くの軒は各層ではなく最上部だけに付く。逆に両者に共通していることは上・下を見切ることと、軒裏で視線を受け止めることだ。

例えばパラッツォ・メディチ－リッカルディ（図60）やパラッツォ・ルチェライ（図62）の最上部は、長目の軒（「横線」）を出してその下の一～三層全体を面として強く区画している。そしてその三層分を軒より弱い「横線」である各階のコーニスが区画する。各階のコーニスを含めた「横線」の内でも、軒が最も水平の区画性が強い。日本の勾配をもつ軒、屋根と違い、水平に突き出た軒は観察者にとってその建物からいかなる距離にあろうとも常に軒裏が見えている。建物にアプローチしていくとき、その見え方に日本建築における勾配屋根のような屋根、軒先、軒裏と継起して見えていく空間や領域の変質が起こらない。軒内包空間（図4）も発生しない。それだけに壁面構成が重視されるのである。

軒裏で視線を受けとめ、その下の外壁に目を向かせる。こうした「横線」の強弱が壁面構成を多様化する。この軒の下で三層分の壁面構成を展開する。例えばパラッツォ・ルチェライは三層各層の柱のオーダーがすべて異なる。「横線」（コーニス）による各層の区画がそのことを可能にしている。

日本建築の外観における区画

日本建築の外観の見え方における大きな特徴は、屋根が区画していることである。それは各層（重）ごとに区画される。各層（重）ごとの屋根、軒が建物を水平に区画していく。平屋は当然だが、三重塔、五重塔も各層（重）が屋根によって仕切られる。三重塔も五重塔も各層（重）に床がなく、三階建や五階建ではなくいわば平屋である。逆に言えば、平屋を三重や五重に区切ることは、そこに外観をつくる意図が露出している[*1]。

日本建築には総二階、総何階（一階と同じ平面の大きさで最上階まで建っている建物）という建物は山門を除いてほとんどない。その山門も高欄でファサードが一層、二層で区画される。

層が重なる場合、上階平面が下階平面より小さくなることがほとんどである。逆に言えば、各層の屋根、軒、高欄などが見切っているから、各層の大きさが変わっても、また鹿苑寺金閣（図72）、慈照寺銀閣（図73）のように各層のデザインが変わっても外観が成り立ち得た。

日本建築の屋根は傾斜屋根である。建物に観察者が近づいていくとき、ある瞬間に屋根が消え、軒裏が見えはじめる（軒内包空間[*2]、図4）。このある瞬間から屋根が見えなくなるということは、屋根がその上層（上階）と下層（下階）を立面的（遠望）にも、空間的にも見切っていることとの証明である。このことは日本の建築空間の見え方における、屋根の決定的な役割の一つだ。ある屋根面が視界から消えたあと、その屋根の下面、軒裏そして壁面構成に目が向く。

遠くから建物を見るとき、各層ごとにある屋根が各層を水平に見切っている（図16）。そのことを見事に表現しているのが鹿苑寺金閣[*3]（一三九八、図72）であり、慈照寺銀閣[*4]（観音殿、一四八九〜九六、図73）である。

各層（重）ごとの屋根、軒が建物を水平に区画していくことを記したが、一階の壁、またその上層では屋根と上の軒との間の壁面は、おおむね柱（構造柱である）の垂直性（「縦線」）

＊1　拙書『建築概論』第三章「日本建築の空間史」学芸出版社、二〇〇三

＊2　拙書『日本の建築空間』（新風書房、一九九六）、『建築概論』第三章「日本建築の空間史」（学芸出版社、二〇〇三）参照。

＊3　ただし、鹿苑寺金閣の初層と第二層は屋根で見切っていない。床と組高欄で見切っている。次節で述べるが、このこともこの建物のもつ先端性である。

＊4　室町時代、ヨーロッパはたまたまルネサンスの時代であった。

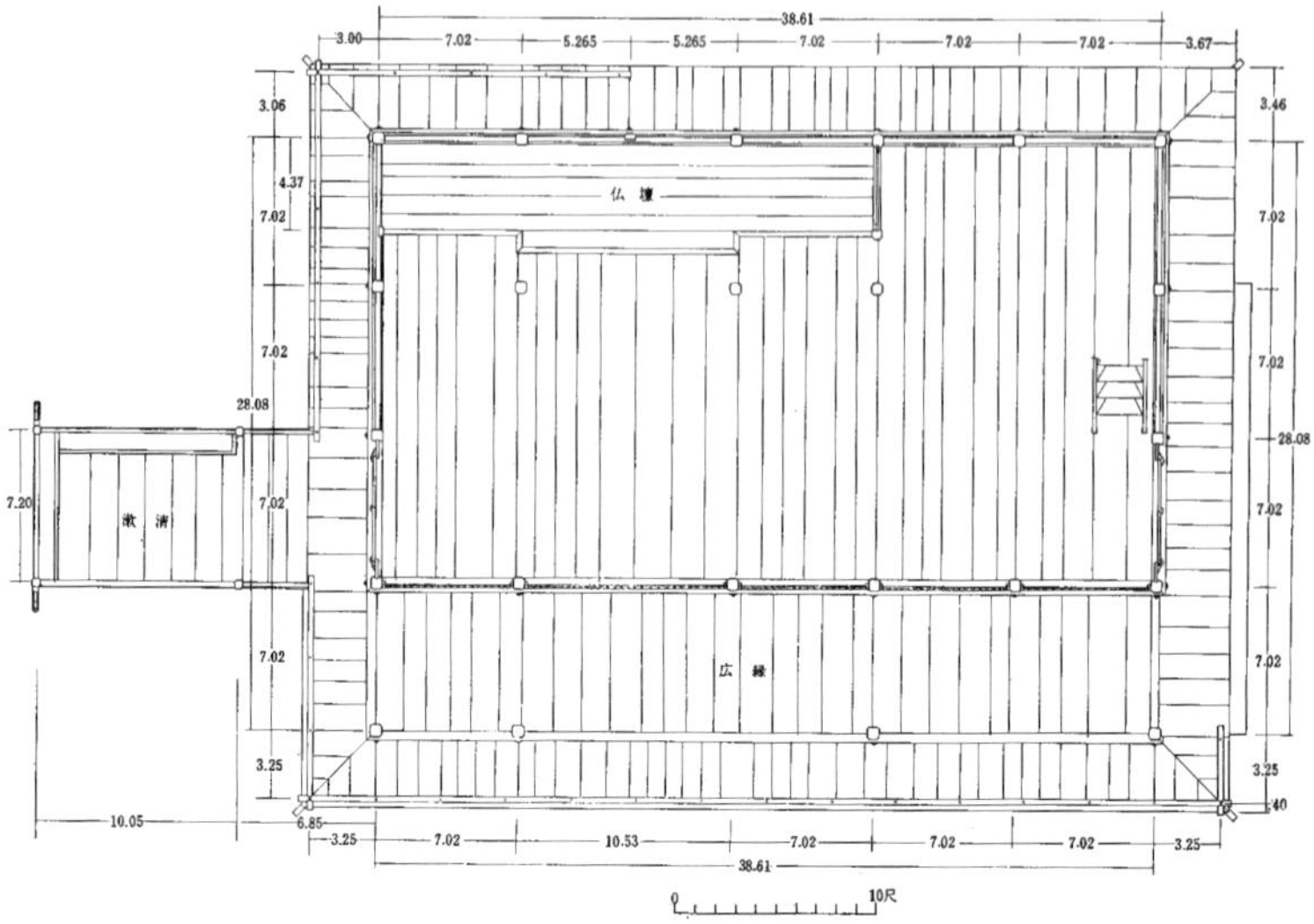

図72　鹿苑寺金閣　一三九八　初層平面図（太田博太郎編集責任、川上貢執筆担当『日本建築史基礎資料集成十六　書院Ⅰ』中央公論美術出版、一九七一）

図73　慈照寺銀閣（観音殿）一四八九〜九六

が強く表現されている。それゆえ、軒内包空間（図4）に入り込むと、屋根が視界から消えてしまい、この壁面構成に目が向く。柱、梁（構造梁）などが壁面構成をつくり上げるが、真壁形式がほとんどで、構造が露出する。ルネサンスの自由な壁面構成とは異なる。

ただし日本の五重塔などでは各層（重）に屋根・軒が付き、各層（重）を見切ってはいるが、柱は下層（重）の「縦線」を柱筋に合わせることなく上にいくほど柱間が狭くなっていく。いわば「お神楽《かぐら》」の一種である。こうした扱いは、組積造が基本である西欧にはほとんどない。

三層（階）の鹿苑寺金閣では一階、二階の上・下の柱筋（「縦線」）はそろっているが、三階だけは下階と柱筋がそろっていない。三階は二階平面の真ん中に位置させており、外観を重視した現れである。三階の床を下げたのも三階を低く見せるための外観重視の工夫であろう。慈照寺銀閣では重層（二階）だが一階、二階の柱筋は通っていない。金閣の一、二階の柱筋をそろえ床面（高）を外観に表し、その内部を使うことは日本では革新的なことであった。そこに構造の合理性、空間の透明感が現れる。

ゴシック教会堂は、一階の構造を壁からすべて柱にして、室内で広い視界を獲得すること、一階の床面を人が動きやすいように空けることが意図され、実現している。「縦線」は垂直に伸びていく。

ルネサンス建築の壁面構成に現れる柱や付け柱も、それが重層している場合、そのほとんどが「縦線」が上・下、そろっていくことに変わりはない。ただし、付け柱は構造柱ではなく、構造的には廻りと一体となった壁と考えた方がよい。

鹿苑寺金閣とバルセロナ・パビリオン[*1]

日本建築では二重以上の床レベルが外観に全く強調されない。[*2]それは既述したように二重以上にはほとんどの場合、床がなく内部空間がないからである。屋根、軒を表現することがはるかに重要だったのだ。[*3]

鹿苑寺金閣（図72）のように三層（階）すべてが使われ、三層ともに床レベルの水平線が強調されている建物は珍しいのである。「金」という命名によって不透明で豪華に感じられがちなこの建物だが、層状（多重）の日本建築では珍しく透明感があり、この建物が建つ池の水面の水平性が三層の床レベル表現に加わり、際だつ水平感に強く印象づけられる。外部から見たときの全床レベルの強調には、居住性、機能性が外観にまで表現された建物に見える。[*4]つまり内部空間が外観に提示されていることになる。

ここでは屋根ばかりではなく、床も、場所によっては天井面も強調されている。つまり開口部が床から天井面まであり、開放的である。一層の南側一間通しを吹放しとし、二層も間口半分以上を吹放しとして南西側コーナーを抜いて開放感を高め、床面、天井面をはっきりと見せる表現としている。この二層の広縁の柱を、室側の柱割と異なり、一本おきに抜いていることも軽快感を高めている。

金閣では屋根、床が強調されることによって、その上層（上階）と下層（下階）を見切っている。前面の池の水という水平面の上に、二つの屋根と二階の床を見切りとして三つの異質な立面が共存している。つまり「初層を（寝殿造）住宅風、二層を和様仏堂風、最上層を禅宗様仏堂の形式」[*5]が、それぞれに屋根、床を見切りとして奇妙なバランスの上に見事に成立している。

＊1　拙書『近代日本の建築空間』（理工図書、一九九八）より。

＊2　すでに「コーニス（蛇腹）の役割」の節で記したように、ルネサンスのパラッツォ外壁においても各階の床レベルのところにコーニスが位置するわけではない。

＊3　床はルネサンスでも外観に強調されないが、床を外観に表現することを重視したのは特に近代においてであった。

＊4　ただし、三層の床面は高欄下縁板より五寸ほど下がっているが、近接した高欄床レベルは強調される。法隆寺一重屋根の高欄の存在とは全く異なる。拙書『日本の建築空間』（一九九六）に記した「床がなく、外壁との間には人の入れるほどの隙間もない。つまり衝立のように、膜、あるいは幕のように一重の屋根の上に据えられていて外観を飾り、形を整えている」参照。

＊5　日本建築学会編『日本建築史図集』彰国社、一九八〇

慈照寺銀閣（観音殿、図73）においても一階を書院造住宅風、二階は花頭窓のある禅宗様仏堂風として、外観の一、二階を屋根が見切っている。

日本建築の見え方が変わったのである。だがこうした近代的ともいえる空間はほとんど継承されていかなかった。

この時代（室町時代）、金閣が出現したことの日本建築へのインパクトは、西欧の近代にミースのバルセロナ・パビリオン（クローム、石、水面、水平性など）が現れたことを越えるといっても言い過ぎではない。

この時まで外部から見たとき、日本建築は屋根が強調される見え方がその特徴であった。それに大きな変革が加えられたのである。床の線も強調され、さらに日本建築の柱・梁・白壁構成という際立つ特徴が、「金」、金箔塗りによって消された。「金」という物質へのこだわりも、バルセロナ・パビリオンで使われたのが、近代産業が生み出した生《なま》の鉄やコンクリートではなくクロームであり石であることと比較すると、日本建築における木に対する「金」という自然とは隔絶した物質の存在感、その意図性が伝わってくる。

金閣は、金箔を一面に施すことによって、日本建築の柱梁構成を消してしまう。つまり日本建築の空間構成、空間の見え方を消してしまう。この日本建築の空間性を変質させてしまうことに金閣の先端性がある。しかも二階、三階は全面金箔だが、一階だけは従来の柱・梁・白壁構成を残すことでその両者の関係性をも知らしめる（図72）。そこに足利義満の先進的な知性が現れている。

日本に重層階をもつ建物が発生したことの重要性は二階、三階の高さからの視点が現れたことである。庭や周囲の空間への見方が変わる。

近世の城はその典型的なものである。城下から見上げられる存在であり、城からは見下ろす視点、つまり領地支配、被支配に関わる視点が徹底して利用されている。もともと見下ろす視点は古くから、平面図がその図法であるし、平安時代の絵巻などに現れる吹抜屋台の図法[*6]に明確に意識されている。

東大寺法華堂と正面性

われわれは建物の形を正面性で覚えてしまうことがある。例えば東大寺法華堂の造形に現れる。天平十九年（七四七）頃、創建され、正堂《しょうどう》─礼堂《らいどう》と双堂《ならびどう》形式をとっていたが、鎌倉時代（十三世紀頃）に、現状のようにつなげられた（図74）。このとき、礼堂に大仏様《だいぶつよう》の技法が現れる。棟の高さ、内法の高さ、床の高さの違う二つの建物を合体させ、日本にはこれまで見られなかった変化に富んだ外観を呈している。正面は南側である。

しかし側面である西側立面にも正面性が現れる。この西側立面は、日本建築にとって異質なファサードであり、外観を特色づけている。しかし南西側に寄って見ると、二つの屋根をかなり無理して合体した部分が見えてくる（図75）。

われわれが東大寺法華堂として覚えている形は西側立面（図74）の方である。しかもここでは奥行きが捨象され、特異な外観を持った正面性（ファサード）として認識されている。

一方、ルネサンス建築のファサード性は平面に何枚ものファサードを重ねることでなされた。ファサード全体はそこに重ねられた各面の奥行きの距離が捨象されることで見られ、さらに観察者が視線の区画を自由に選ぶことで今度は奥行きが生じていく。

＊6　建物の屋根や天井がはずされ、俯瞰する視線で描かれている。拙書『建築概論』第三章「日本建築の空間史」（学芸出版社、二〇〇三）参照。

図74　東大寺法華堂西面

茶室空間

日本に茶室が現れるのは、パラディオが活躍していたルネサンス後期にあたる。その時まで日本建築においては、柱と柱の間が自由に設計されたことがほとんどなかったといってよい。そこは開口部であるか、壁であるかどちらかであった。あえて言えば、どちらでもよかった。しかし茶室の建物はそのあり方を変えた。開口部を自在な位置に、自在な形で、自在な寸法で開けている。壁や天井面の構成も自在である。こうした意味で茶室空間は日本建築にとって革命的であった。

茶室空間が秀でているのは、そこに設計者の意図性が強烈に現れてくるからだ。そこに意図がなければ、どの線も決めることができない。それまで日本建築に開口部を開ける場合は、柱と柱の間であった。それもほとんどその全面を使った。

しかし茶室では開口部はどこに開けてもよかった。大きさも形も位置も自由であった。柱を挟んで開けたり、その左右の大きさを変えることさえあった。屋根にも開けた。開口部の高さを違えて配置してもよかった。それまでは開口部の高さはそろっていた。これを内法高さという。

茶室には人間の頭の高さより明らかに低い開口部がある。躙《にじ》り口[*1]は人が入ることをそのまま受け入れた結果ではない。そこに人を屈《かが》ませる行為を強いている。それゆえ、その場は居住空間ではなく作法を強いる厳しい空間となる。

「横線」も「縦線」も途中で止まることがあった。壁面を区画している柱（自然材）が途中で壁の中に消えたり、鴨居、角柄、釣棚、釣床などは梁や柱まで到達しないことがしばしばであった。

図75　東大寺法華堂を南西側から見る

＊1　内法高さ約六五センチメートル、幅六〇センチメートル。

しかし茶室空間は柱が構造を支える見え方を限界のところで表現していた。コーナーの柱を塗り廻しで隠しても、すべての柱を隠すことはなかった。まさしく意図性の現れである。逆に言えば、設計者が自分の意図で造形を決めてゆかなければ、そこに茶室空間は存在しない。それは、大きさに関して言えばすべての寸法を決めることである。比例ではない。

躙り口によって眼の高さを下げさせ、つまり上・下にも視点を移動させ室内空間を見せるとき、比例は役に立たない。床の高さから座った、あるいは立ったときの眼の高さへの視線の移動は、空間の見え方を変質させる。また二畳台目や四畳半の部屋の中では、眼は壁に近づきすぎて比例は歪んでしまう。

条件や状況は全く変わるが、それは近代の建築設計者の状況と酷似していた。近代・現代は過去の建築的制約から自由となったからだ。あまりに自由であるために決めることが至難の業である。決めた結果はすべて設計者の負うところとなった。様式や比例で決めることは言い訳にすぎなくなったのである。

アルベルティ

レオン・バッティスタ・アルベルティ（一四〇四〜七二）はルネサンス初期の建築家であり、建物の設計ばかりでなく『建築論』（一四五二）などの書も著した。多くの建築家が職人（金銀細工師、画工、石工など）出身であったが、彼はボローニャ大学を出た文人（学者）の出身であった。彼の最初の作品はパラッツォ・ルチェライ（一四四六〜五一）であるから、時期的には建築理論構築とともに建物を設計していたと言っていい。また建築以前には『絵

図76 サンタ・マリア・ノヴェッラ聖堂、フィレンツェ 一四四八〜七〇

画論』（一四三五）も著し、ここでは遠近法について記している。

アルベルティ設計のサンタ・マリア・ノヴェッラ聖堂（フィレンツェ、一四四八～七〇、**図76**）を見ていると、ルネサンスはストレートに論理をのばして出てきたものではないと感じる。過去を背負い新しいものが生まれ出ようとしているのを見ている気がする。

この建物と「プロト・ルネサンス」と言われるサン・ミニアト・アル・モンテ（フィレンツェ、一〇一八～六二、**図77**）とを比較すると、ロマネスクとルネサンスの違いがほの見えてくる。

サン・ミニアト・アル・モンテでは、まだペディメントが正確な三角形を形成していない。「横線」が強調され、ファサードを三つの面に区画している。一層目は五つの同じ形のアーチが並び、中心軸性が弱められている。

ルネサンス期のサンタ・マリア・ノヴェッラではペディメントが明快に三角形に浮き立たせられ、コーニス（「横線」）も前者よりはるかに強く壁面から突出している。この明確な区画性こそルネサンスの方法をはっきりと提示している。

バシリカ教会堂形式に見え、正面頂部に古典風のペディメントを付け、強い「横線」（コーニス）で分けられた四つの面を持つ。その「横線」によって各面をそれぞれに異なる壁面のパターンで構成することが可能となった。中心軸性もペディメント、入口のグランドアーチ、丸窓によって明快に示されている。突出したコーニス（「横線」）が最も強調され、それに区画された各面を「縦線」が強弱を付け区画し、ファサードに彫りの深さを与えている。

その後に建てられたサンタンドレア聖堂（一四七一～一五一二、**図78**）のファサードは凱旋門モティーフを利用している。ギリシャ神殿的なペディメントがあり、付け柱（ピラスタ

図77　サン・ミニアト　アル・モンテ、フィレンツェ　一〇一八～六二（日本建築学会編『西洋建築史図集』彰国社、一九八一）

ー）で三ベイ（間《けん》）に分けられている。しかしその一ベイ、一ベイを古典の柱梁表現、つまり柱そのものを利用して柱間全体を開口部として扱うのとは異なる。三ベイの柱間は基本的に壁である。その壁にさらに開口部を開けるという表現である。つまり柱の脇には袖壁がつく。その開口部も中央ベイの大きな開口部のアーチは柱型で支えられ、両サイドの小さな開口部はアーチが柱頭なしにそのまま「縦線」に移行し、各層の床側のコーニスまで達している。

ほとんど同一面でありながら壁が重ねられ、柱が重ねられている。柱と壁とを分ける見込みが小さく、全体的に、特にコーニスから下全体は絵画のように平面的である。

ファサードの基調は三層分のジャイアント・オーダーの四本の角柱（柱型）が、古典的なペディメントとエンタブレチュアを支える立面（ファサード）と、中央ベイのエンタブレチュアを支えるアーチとそれを支える二本の柱型の立面（ファサード）とが二面重なり合って造形されている。中央のベイは広いので柱型とエンタブレチュアでは構造的に支えきれない。そこにアーチを加えて全体の構造を成立させる。ひとつの構造や形式ですべてを統一しようとしていない。また三層のジャイアント・オーダーでありながら、両サイドのベイ各層にあるエンタブレチュアを支える柱（柱型）がない。

サンタンドレア聖堂の空間的特性は、外観（ファサード）と内部空間の形、構成を同じ古典的構成にしていることである。ゴシック教会堂では外観（ファサード）から内部空間をイメージすることは難しい。ただし、サンタンドレア聖堂ではファサード、内部の柱型はすべて付け柱であり構造的には壁である。ゴシック建築の構造からすれば遙かに後退していると言ってよい。付け柱は力の流れを表すシンボルとして自在に、あるいは意図的に設置された。

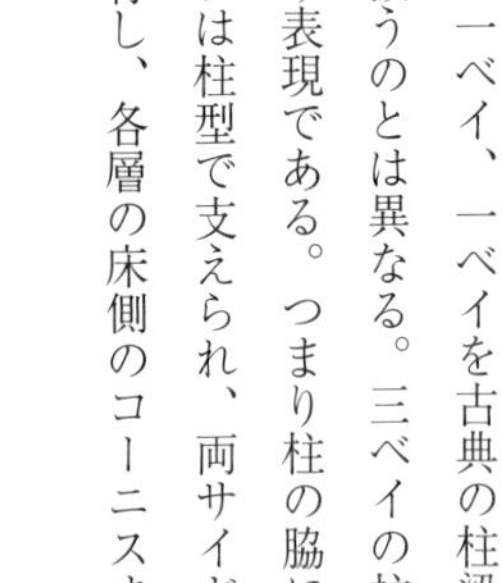

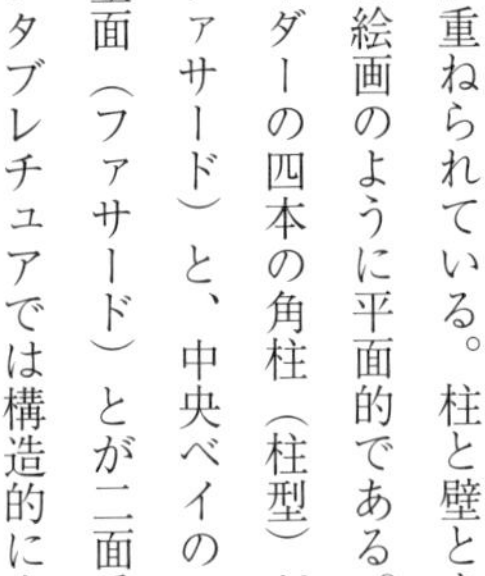

図78　サンタンドレア聖堂、マントヴァ　一四七一～一五一二（Peter Murray「RENAISSANCE ARCHITECTURE」Harry N. Abrams, Inc., New 1971）

サンタンドレア聖堂のファサードは両端を柱で区画されている。同じアルベルティのサン・フランチェスコ（リミニ、一四五〇～六八、図65）では扱いが異なり、正面ファサードの基本的扱いは壁面である。その壁面に柱が四本付いている。この柱はなくても構造的には成立する。ファサード両端コーナーも壁で押さえられている。

この二つの建物は同じアルベルティの設計であり、ともに凱旋門モティーフが利用されている。コンスタンティヌスの凱旋門（図21）→サン・フランチェスコ、リミニ（図65）→サンタンドレア聖堂（図78）と並べてみると、矢印の方向に向かっていくほど奥行きのないファサードの薄い表面性が表現されている。一つの面にいくつもの面を重ね表現することにルネサンス建築の特性が表れている。

パラディオ

パラディオ（1508～80）はルネサンス後期の建築家である。「横線」、「縦線」を自在に扱った。彼の建築はパラディアニズム、パラディアン・スタイル（モティーフ）として欧州各地に拡がっていく。

「バシリカ」（パラッツォ・デッラ・ラジョーネ）

パラディオの「バシリカ」（一五四九～一六一四、図47）は主屋部にロッジアが後から付け加えられたものである。主屋部とロッジアの各辺は平面的に振れている。この建物の中心空間であるホールを囲む部分、つまり二層のロッジア部分が長方形の中心に対し角度を振ってつくられている。ロッジア部分のプランが振れていることは建物の中心部に向いているのではなく、外部に向けていることを意識していたといってよい。そうでなければロッジアのプランを振る必要はない。つまりパラディオが関わったこの二層のロッジアは前面広場、道に向くよう角度を振って都市（外部）に向けて付けられたのである。そこでは都市空間に向けるファサードが、内部空間とつなげることより大切であったのだ。

ただし、『建築四書』には中心部とロッジアは両方向とも平行に描かれている。パラディオは都市（外部）に向けた整合性と内部空間に向けた整合性を一致させたかったのだ。しかし道や広場に対し角度を振った現実の建物を、都市空間に整合させるには構造、ファサード、外部空間をまとめる現実に合わせた平面を振る手法が必要であった。

この建物のコーナー・ディテールも古典建築のディテールから見ると納まっていない。正面と側面ではコーナーの納まり方が異なる。「バシリカ」は二方向が見えるにもかかわらずそのコーナーは、立面を見ると、正面コーナーには二本の柱が立ち、側面コーナーは一本の柱で納められ、各々の側からの見え方が異なる。

そのことはコーナーをギリシャ古典建築的な厳格さで納めないことによって各々、都市空間に向かう面に自由性を獲得したことを意味する。

「バシリカ」が直面した正面と側面の二面性、それは正面と側面に別々に向くものであった。つまりコーナーという二つの方向性をもった空間にそれぞれの面で別々に対したのである。

パラッツォ・キエリカーティ

この建物（一五五〇設計、一五八〇頃完成、図46）の二階ロッジア（柱廊）の中央の五ベイ（間《けん》）の先端、手摺り部分まで突き出た部分のコーナー・ディテールは狭い角部分に柱（柱と付け柱）が林立していて、古典的判断からすると納まっているとは見えない。この中央五ベイ、またその両サイドを各々三ベイとし、全体を十一ベイとすべてが奇数間でまとめられたファサードはまさしく正面性が強調されている。この建物のファサードは、さまざまな区画に観察者の視線が当てられても正面性は薄れない。

ヴィラ・ロトンダ

パラディオの作品で四面同じファサードをしているのはヴィラ・ロトンダ（ヴィラ・カプラ、一五六六〜六七、図79）だけである。四面にポーチコ（ロッジア）がつき、すべてのポーチコがイオニア式オーダーのファサードを持っている。しかしこのイオニア式のコーナー柱は正面しか向いていない。すでに記したが、古代ギリシャ神殿ではイオニア式のコーナー柱は両方向を向くため、コーナーの渦巻き（ヴォリュート）はどちらから見てもゆがんで見える（図10）。つまりコーナー（角）に対し四五度方向を振っている。ここでもパラディオは古典建築と距離を置く正面性を強調しているのである。

ロトンダのエンタブレチュアは必ずしも四周を廻る必要はない。主屋部の建物の床から軒まで壁で仕上げて、その四面に玄関ポーチコを取り付けても十分に納まる。しかしそうすると四面を通じた造形をもつ古典建築の特性が失われる。

ポーチコのエンタブレチュアが廻っていき、壁表現の主屋部とぶつかり、さらに壁面を水

図79　ヴィラ・ロトンダ、ヴィチェンツァ　一五六六〜六七（日本建築学会編『西洋建築史図集』彰国社、一九八一）

平に横切って廻っていく。エンタブレチュアが四周を取り巻くが、中心主屋部の建物の角には、そのエンタブレチュアを支える柱（柱型）がない。

ポーチコという正面部分ではエンタブレチュア、つまり水平の構造材であったものが、中心主屋部の外壁面では構造的性格を失い、見切りの帯となっている。つまりエンタブレチュア全体がコーニス化している。この建物はこうした構造要素であるエンタブレチュアから、見切り要素であるコーニスへの変換を一本の帯でそのままに見せている。

柱表現（ポーチコ）と壁表現（主屋部）とを統一する方法が、このエンタブレチュアつまり「横線」で建物すべての面を結び付けることであった。ただし、パラディオはこの方法をヴィラ・エーモ（ファンツォーロ、一五六四）では採っていない。ヴィラ・フォスカリ（一五五九〜六〇）では正面から廻ったエンタブレチュアが背面の半円窓の頂部で切断されている。パラディオは「横線」と「縦線」をともに通すことを原則としていた。その上で形式の破綻をつくり出す。

ロトンダのポーチコ（ロッジア）の側面は正面の柱との間に小さなスリットが空けられて、あとは壁的扱いでそこにアーチ状の開口部が開けられている。[*1] アンタ（壁端柱）ほど正面性を限定しているのではないが、何ゆえ、柱以外をすべて開けてしまわないのか。主屋部が壁的扱いでそれに取り付いたポーチコの正面ファサード一枚だけに列柱が取り付く。古代ギリシャ・ローマではすでに記してきたようにこうした納まりをしない。パラディオにおいては四面から見られるヴィラでさえこうである。正面性が強調されているのである。

パラディオがつくってきたのは中心性ではなく、正面性であった。奥行きを出すのもその正面性を重ねることでなしてきた。四面に向けての正面性、そこでコーナー・ディテールを

＊1　図79における正面ポーチコと左手側面ポーチコの差。

捨て、正面性を四面、側面がなければもっと少ない面に求めた。コーナー・ディテールを捨てることが建築の多様性を生んだ。

パラディオのヴィラ・ロトンダのコーニス（エンタブレチュア）はルネサンスがいかに立面の「横線」を重視していたかを示している。しかし中心空間のドームの外部から見た扁平さは中心空間を提示しながら、球を内包するパンテオンの論理性ではなく、また都市のパラッツォでもなく、四つの正面性を持つヴィラの象徴としてあるように見える。

近世になるとこうした中心に現れる外観扁平なドームがアルテス・ムゼウム（一八二四～二八、シンケル、図51）のようにわざわざパラペットを立ち上げて隠され、外観に水平線（「横線」）を強調するものが現れる。ドームは内部にしか向いていない。外観と内観に離反を起こさせている。シンケルの意図は古代ローマ建築ともルネサンス建築とも異質のものである。

カーサ・コゴロ

この建物（一五五九～六二、図80）はパラディオの作品かどうか確認されていないという。だがその壁面構成は巧みである。下階（一層）は凱旋門モティーフとされているが、観察者は上階（二層）の開口部手摺り高さまでの枠取りで見たり、また二層目の区画であるアーチ上のコーニスから三層目とのコーニスまでのプロポーションで見たり、それらの重なりで見たり、全体で見たり、自由に区画する視線で視る。これらの視線に耐え、重なったファサードそれぞれ、あるいは全体が釣り合っていくプロポーションをつくりだしている。

ルネサンス建築が進みながら目指していったのは、観察者が自由に視界を区画する自分の

図80　カーサ・コゴロ、ヴィチェンツァ　一五五九～六二（福田晴虔『パッラディオ』鹿島出版会、一九七九（ベルトッティ・スカモッツィによる））

視角の中で、すべてが、プロポーションが整って見えるようにする方法を連ねることであった。それが現代の言葉で言う静止画像の連続ばかりではなく、連続する動きを伴って見えていくバロックの意図と通じていく。

サン・ジョルジョ・マッジョーレ聖堂とイル・レデントーレ聖堂

サン・ジョルジョ・マッジョーレ聖堂（一五六五〜一六一〇、図81）の正面には大きなペディメントが二つ見える。大オーダー（ジャイアント・オーダー）の上に完全な三角ペディメントを示しながら、その下に重ねられたさらに大きなペディメントを、大オーダーの柱の「縦線」がエンタブレチュアとともに垂直に切っている。その「縦線」の方が強いが、背後の最大のペディメントがエンタブレチュアという「横線」で柱の裏側でつながっているように見える。つまりファサードを重ねて見せる手法である。コーニスやレーキング・コーニスは切断されるが観察者の意識の中でつながり、ペディメントを構成しているように感じさせる。

ジャイアント・オーダーは複層階に適応させるオーダーで、古典オーダーにはなかったが、二層（あるいは三層）の高さがあるので、プロポーション的に柱が太くなる。全体に目をやっている場合はよいが、ディテール（細部）に目が行くとき、大小のバランスがちぐはぐとなりやすい。広い運河に面し、遠くからの視線を意識してジャイアント・オーダーをプロポーション的にもうまく釣り合わせたのがサン・ジョルジョ・マッジョーレ聖堂である。

このジャイアント・オーダーの太さを避けるためには、二層の建物であれば二層分として、三層の建物であれば三層分として「横線」を介して表現する必要がある。また「横線」で区切られた一層分ごとの柱（「縦線」）として表現する必要もある。そうすることで柱は細く表

図81　サン・ジョルジョ・マッジョーレ聖堂、ヴェネチア　一五六五〜一六一〇

現できる。それらの表現が重ねられる。しかしその柱の太さは構造からきているのではなく、プロポーション、つまり壁面の構成から来ている。

サン・ジョルジョ・マッジョーレ聖堂は、広い運河の遠くからの視線に耐えるようファサードの彫りを深く、くっきりと造形している。ジャイアント・オーダーが有効に働いていて、歌舞伎で「見得」を切っている場面のようにも見える。

パラディオのロッジア・デル・カピタニアート（一五七一～七二、図82）もジャイアント・オーダーである。三ベイ（間）で縦横のバランスが悪く、特に見上げる視線からだとそれが強調される。しかしこの建物はもっと長く横に連続することが意識されていたと考えられている。するとプロポーションが整っていく。いかほどファサードが横に伸びても街区の壁面構成に合っていくように見える。

イル・レデントーレ聖堂（一五七六～九二、図70）はサン・ジョルジョ・マッジョーレ聖堂よりもっと複雑な手法が重ねられている。正面ファサードはジャイアント・オーダーではないが、背の高い柱で、高く持ち上げられたペディメントを支え、それだけではバランスの取れない壁面をどう構成するかに力を注いでいる。柱と幾重にも重ねられたペディメントで構成された古典的なファサードを、入れ子状態として重ねているのである。

ペディメントは彫りが浅く、それほど強調されていないが、いくつもの三角形の重なりを見せている。奥行きの浅い、ほとんど同じ平面の中でペディメントが重ねられる。普通なら、サン・ジョルジョ・マッジョーレ聖堂もそうだが、この正面のペディメントの上に人像が立つのだが、それを避け、接するようにすぐ後ろにある寄せ棟屋根の上に立てて、ますますペディメントの平面性を強調している。

図82　ロッジア・デル・カピタニアート、ヴィチェンツァ　一五七一～七二（Peter Murray『RENAISSANCE ARCHITECTURE』Harry N. Abrams, Inc., New 1971）

側面二層目の二重バットレスの奥行き方向への重なりも、面を奥に重ねて行く手法が徹底している。

ここでは「横線」は強調されない。「縦線」があるのも一層分だけである。つまりここでは「縦線」も「横線」も強調されない。ファサードを複数の面として重ねている建物をそこに見ることができる。一つの面、あるいは浅い奥行きの一つの面と言ったらいいだろうか、その中に重ね合わせ、組み込んでいる。

ペディメントとエンタブレチュアを支える四本の柱のうち、内側二本は円柱（付け柱）で外側二本が角柱（付け柱）である。角柱だけで支えるペディメントーエンタブレチュア、円柱だけで支えるペディメントーエンタブレチュアとまた、その他の壁面のオーダーを重ねながら、見る区画を変えて観察することに耐えられる壁面構成である。これらの操作が一つの建物の奥行きの少ないファサードという平面の中でなされている。[*1]

この建物もサン・ジョルジョ・マッジョーレ聖堂と同じ運河に面して建ち、遠くからの視線が意識されている。八百メートルほど離れて建っているため、サン・ジョルジョ・マッジョーレ聖堂の彫りの深さに対比され、ファサードはますます平面的に見える。

イル・レデントーレ聖堂のドームは運河からの景観に大きくその存在を顕示している。ここにはルネサンス建築を表現する要素が重ねられている。ドームの高さは、正面から見ても立面図を見るほどではないが高く見える。屋根の表現としてのサインである切妻、寄せ棟、ドーム、尖塔屋根を奥へ奥へと重ねている。つまり面の重なり、要素の重なりがさまざまに奥行きを深め、見る人に自由に視線を注がせ、その自由な区画の中で読み取りを可能にする。

ルネサンスの特徴の一つはファサードに面が重なっていき、その平面性の中に奥行きが発

＊1　角柱の付け柱としての特徴を利用している。「付け柱」の節、参照。

生してくることである。それは、この時期に都市化が進み建物が過密化し、一つひとつの建物の大きさ、奥行きも制限され、そこでその奥行きを、ファサード（面）の奥行きに変えて表現していったのが一つの理由である。

パラディオのこの二つの建物を見ていると、その飽くなき追求が見えるような気がする。ともに同じ広い運河を前にして並べられているだけにルネサンスの方法を、運河を含めた劇場性として表している。

イル・ジェズ聖堂

反宗教改革の中心勢力であったジェズイット教団（イエズス会）[*1]の本部であるイル・ジェズ聖堂（ローマ、一五六八～八四、図83）は現在のものは、ヴィニョーラ（一五〇七～七三）による設計当時とは変わっているが、全世界のカトリックの教会堂建築に大きな影響を与えたと言われている。

ファサード頂部のペディメントを各層の双柱が支える構成である。ただし、中間のコーニス、エンタブレチュアが双柱を断ち切り、上層を宙に浮かす。

双柱に見せながら、中央入口両脇だけは、円柱と角柱を重ねて対比させ、その他の双柱（角柱）と意味を変えられている。真ん中の入口部だけが円柱で強調されている。こうした円柱と角柱が並ぶ手法に出会うと、観察者の眼の少しの動きで視界の区画が変わる。イル・レデントーレ聖堂のファサードでも起こることである。

一層目の正面にある二本の円柱とエンタブレチュア、ペディメントがファサードに入れ子

*1　一五四九年、日本に渡来したフランシスコ・ザビエルはイエズス会の宣教師であった。

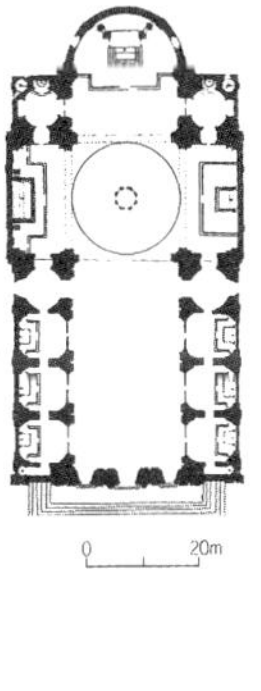

図83　イル・ジェズ聖堂、ローマ　一五六八～八四（図は、日本建築学会編『西洋建築史図集』彰国社、一九八一）

になっていて中心性を表しているが、円柱が他の角柱と比べて細い分、弱く見える。さらにその二本の円柱の間に、入れ子状に櫛形ペディメントを有した入口がある。このように平面の中にファサードを入れ子に重ねて奥行きをつくり出している。このことは、この薄い表面ファサード一枚の中に、観察者の見方によって、奥行きをつくり出すことができることを意味する。

また、この建物は側廊的部分（礼拝堂）上部の正面妻側を飾るスクロールが特徴である。ファサードを覆うこのスタイルが反宗教改革の動きとともに世界を席巻していった。平面形式も反宗教改革と関わるが、長堂形式となり中世へ復帰した感がある。側廊スペースは礼拝堂として使われ、すべてのスペースが高密度に利用されている。身廊が強調されたプランは、世界中の狭小な敷地であっても、コンパクトにまとめることができ、建物内スペースをすべて利用し、かつ前面に広い土地がなくてもファサードだけで奥行きを見せることのできる手法であったことも、この形式が世界に拡がっていった理由であろう。

内部空間も「縦線」を強調するゴシックではなく、古典様式のエンタブレチュアという「横線」が奥に向かってのびていく形式が採用され、内部空間の奥行きが強調されている。外観と内部の相関性も考えられている。サンタンドレア聖堂と同じく内・外の柱型はすべて付け柱である。

浮遊

コーニス（「横線」）は見切りであり区画線である。細部を視る視線はその区画の中で思考する。それは区画の中でプロポーションを探ることであるが、全体を見る眼では見えないものが見えてくる。

構造的構成からは全く判断できない作例がある。ミケランジェロ設計のサン・ロレンツォ聖堂付属のロレンツォ図書館の前室（フィレンツェ、一五二三〜五二、図84）である。

初層は基壇状で柱（柱形）がなく、壁面から突き出たブラケット（持送り）で二層目の壁面に配された双柱（付け柱）を受ける形である。柱頭は古典建築のオーダーではない。双柱は壁面を構成する最も力強い表現であるが、それは構造的構成ではない。

一見、そのブラケットは柱を受けているように見える。しかし柱脚とブラケットの間に薄いコーニスが介され、さらに白い帯状の刳形がはさまれる。そのため柱は壁面の中空に浮いている。上層と下層の間を細く、水平に切る白い帯は、上層と下層のプロポーションの伸縮を観察者の目にゆだねさせる。つまり動いていく観察者の視線に対して、この空白の帯が機能する。しかも中央に位置する階段は観察者の視点を上・下にも移動させる。前後への移動、さらに高さ方向に移動しても、この内部空間のプロポーションを違和感なく納める方法としてこの空白帯が設けられ、空間の伸縮を吸収させている。

しかも柱の間に組み込まれた開口部造形（「盲窓」）の部分は、これも小さなブラケットで窓枠を支えているが、その枠組は壁の中に浮いている。実はこの窓枠の中は、開口ではなく塗り壁でふさがれている。

同じようにブラケットで支えた入れ子の表現であるのに、両者は同じ支え方ではなく、一方は浮き、一方は支えられている。それらは入れ子状態で奥行きを深めているが、一方でコーニスや帯状の白壁が壁面を水平に分解している。

図84　ロレンツォ図書館前室、フィレンツェ　一五二三〜五二（Peter Murray「RENAISSANCE ARCHITECTURE」Harry N. Abrams, Inc., New York 1971）

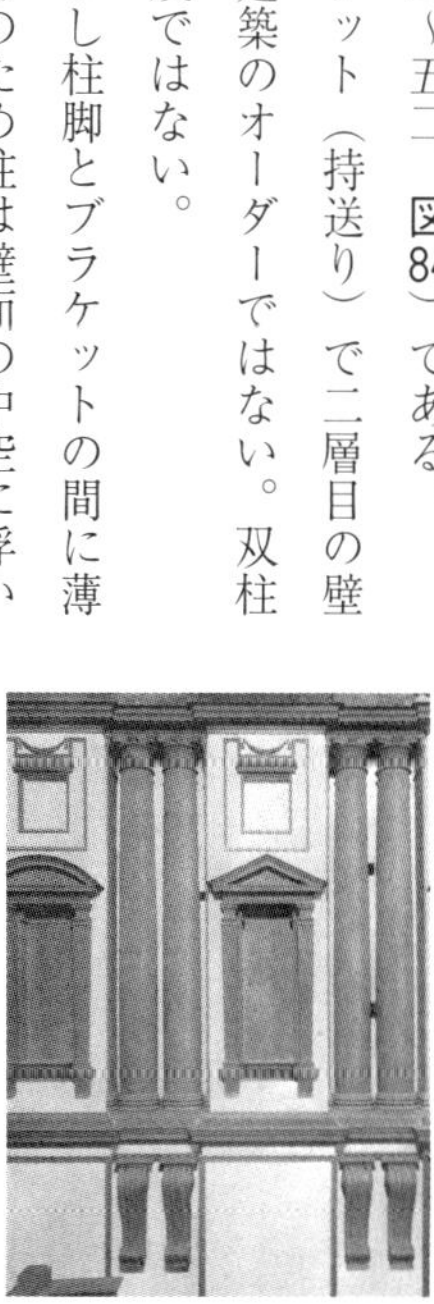

＊1　蟻壁は天井仕上げが格天井や竿縁天井の場合、格縁や竿縁が柱芯と合わない場合に入れられると言われるが、光浄院客殿（図85）などでは芯が合っているにもかかわらず蟻壁が入っているから、それは基本的な存在理由とはならない。

日本でも、天井が高い書院造の座敷などでは天井を帯状の白壁（蟻壁《ありかべ》）の上に浮かせている場合がある[*1]（図85）。壁に蟻壁長押《なげし》（コーニス）を入れて区画し、天井との間に白壁を挿入している。真壁構造であるにもかかわらず、柱が天井を支えていない。真壁造の壁面に見えている柱（「縦線」）の頂部を細い白壁（蟻壁）が横に切断して、その部屋の四方を囲いとって、天井を宙に浮かせている。これは高い天井高を持つ部屋の、壁面のプロポーションを整えるというだけの説明では納得するのが難しい。

例えば慈照寺（銀閣寺）の東求堂《とうぐどう》同仁斎は、四畳半の小さな室で天井の高くない室内空間であるが、ここでもこの蟻壁が持ち込まれている。

天井長押と蟻壁長押の間の細長い蟻壁は、天井と蟻壁長押から下の空間を切り離し、かつ両者の空間の間の伸縮を観察者にゆだねる。高さに対する比例に空白な、曖昧な距離を持ち込み視覚に対応させる。日本建築においても表現は必ずしも構造に正直であったわけではない。この天井蟻壁は日本建築の構造的な構成を打ち破っている。

同じことが、例えばミケランジェロのメディチ家礼拝堂（サン・ロレンツォ聖堂、フィレンツェ、一五二一～三四、図86）の内部に現れる。一階上部のコーニスと上部アーチの下を水平に区切るコーニスとの間には帯状の壁面を廻していて、そこから上が浮いている。ここには上・下をつなぐ要素がない。コーニスを操作することこそ上・下、つまり高さのバランスを伸縮させ、観察者に立面図的比例から視覚的比例をもたらす方法であったのだ。人間の眼の高さから見上げる視線に耐える方法である。ミケランジェロはそこにマニエリスティックに力を注ぎ込んでいた。

古代ギリシャ神殿は外観を単層（平屋）に見せた。そこにオーダー（円柱とエンタブレチ

図85　光浄院客殿　一六〇一（日本建築学会編『日本建築史図集』彰国社、一九六三）

ユアの構成原理）がプロポーションを澄清《ちょうせい》する。ミケランジェロのコーニスの間の空白は、二層にわたる縦方向のプロポーションを整えるための方法であった。しかしそれはコーニスの上・下を切り離し、かつ上・下関係をなくす、あるいは薄めることによって、二層分のプロポーションをそろえて整えることを観察者に止めさせたのだ。浮遊はそのための方法であった。浮遊感はスケール感を喪失させやすい。横に抜けた白壁の場合は高さのスケール感を曖昧にさせる。

　この横に抜かれた白壁ばかりでなく、コーニス（蛇腹）自体が、高さ関係のプロポーションを調整する方法であった。コーニスの位置、あるいは幅や彫りの深さ、刳形等で、区画された壁面のプロポーションを整えることができた。

　ミケランジェロの「サン・ロレンツォ聖堂正面」素描（図87）は内部空間ばかりでなく、外観においてもコーニスを徹底操作し、外部からのどの視線にも耐えうるよう努力した結果である。

　このように日本にもヨーロッパにも、浮遊させる表現方法が求められ、実現していた。それは空間を認識するとき、その高さの把握を自由に伸縮させる方法だったと考えられる。特に狭い空間の中で下から見上げる視線に対し有効に働いた。

　ただし、日本では天井と壁面を分離して浮かせているが、ヨーロッパでは天井と壁面（図57）の場合もあるが、壁面の中間で下層と上層に分ける要素にもなっている（図86、図57）。ヨーロッパで古くからあったコーニスという見切りの手法が、ルネサンス期にはコーニスを二重に付けてその間を空白とすることで、さらに強い表現方法に変換されている。

　ルネサンスはコーニスによって区切ることで、この浮遊感を引き起こさせた。ルネサンス

図86　メディチ家礼拝堂、フィレンツェ　一五二一～三四

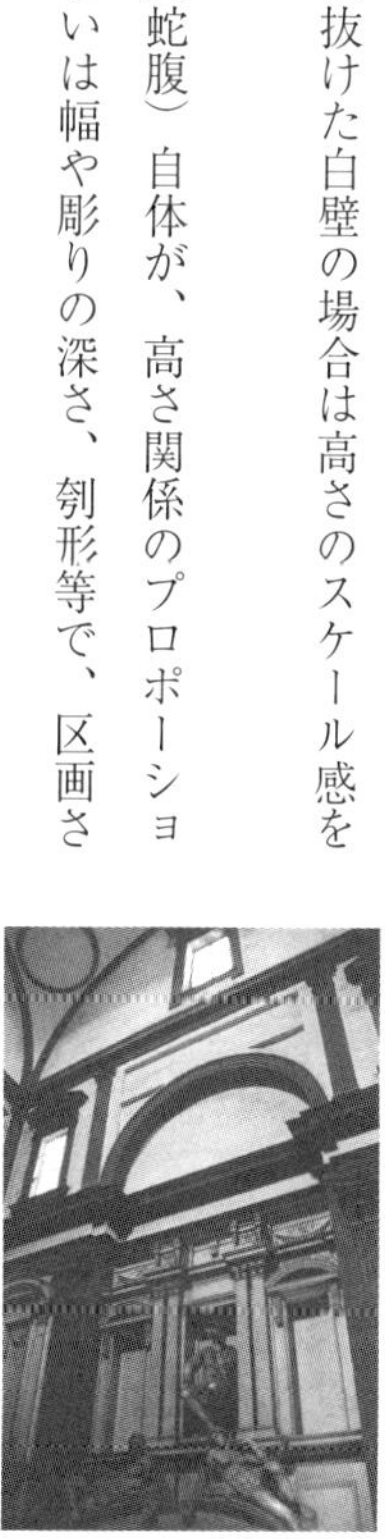

図87　ミケランジェロ「サン・ロレンツォ聖堂正面」素描、一五一七（J・S・アッカーマン、中森義宗訳『ミケランジェロの建築』彰国社、一九七六）

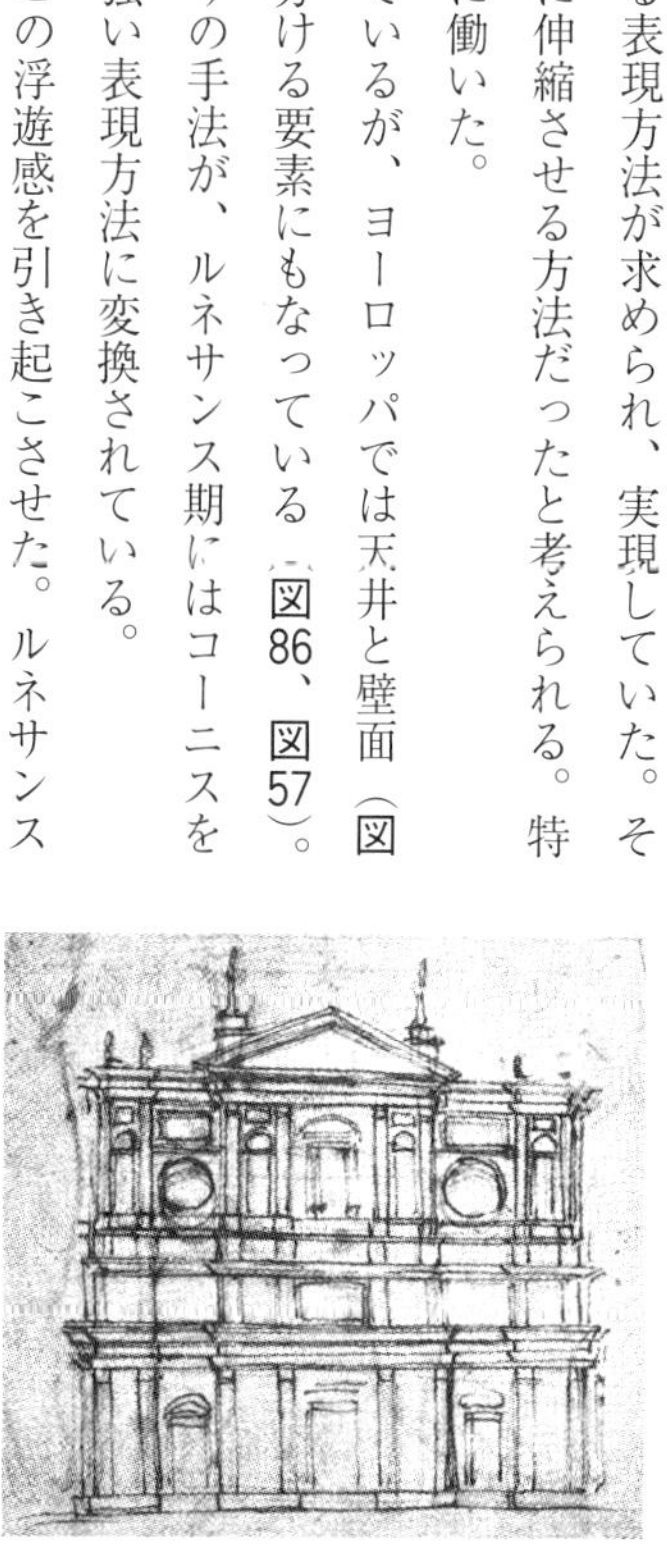

の浮遊感はゴシックの上昇感とは違ったものだ。ゴシックの教会堂の内部空間は全体が天に向けて垂直に上昇していく空間であった。地上から天井トップにまで伸びていく付け柱やリブ・ヴォールトがその上昇感を強調した。実際の高さよりも上へ上へとスケール感を拡げていく。しかもそれは建物空間が表現している強い力の流れに沿っていた。つまりそこでは実際に力を支えている構造の構成が利用されていた。

ルネサンスの浮遊感は「横線」(水平)が壁を貫き、その「横線」で壁面を上・下に分断して生じさせている。区画された各面を浮遊させ、各区画それぞれにプロポーションを整えることであった。そこでは実際に、応力を担う構造の構成は消えている。

観察者が自ら決めて見る範囲は、どの範囲であっても、その区画の中で観察者の感覚を満たすものでなければならなかった。正面性ばかりでなく、さらに視線の移動性とも言うべき視点が求められている。眼が移動しながら見ていくのだ。ルネサンスを経由したマニエリスム、バロックはそれを徹底させていく。

ギリシャ・ローマ古典建築は構造を支える柱がシンプルな独立柱であった。そこでは袖壁や複数の柱(双柱)で支えることがない。構造とシンプルな意匠が一致している。逆に言えば、ルネサンスは都市化の中でコーナー・ディテールを完璧にすることでは、ギリシャ・ローマ古典建築のような完成品をつくることができなかった。ミケランジェロのロレンツォ図書館前室は古典的コーナー・ディテールの完璧さを、小さな室の内部空間で構造性と切り離して、再構成することを意図している。空間構成の意味が全く変わっている。

現代においては、ミースが近代になって獲得された鉄骨造を利用して、外観にコーナー・ディテールの完璧さを求め続け、現代的に成し遂げている。*2

*2　本書「ミースとコーナー・ディテール」の節、参照。

近代建築も「ピロティ」で建物の足元を空け、浮遊させたといっていい。それは空間を見る移動する視線に耐え得る方法であった。

また近代建築はその立体感、透明性を出すためコーナーをガラスなどで開けることによって、コーナー・ディテールを喪失していった。それは古代からの直線を理解することから言えば、概念的にはその透明性によって直線が消えることであった。それは今までの直線とは全く意味を変える。そこでは透過した奥が見えてくる。表面に重ねるのではなく透過した奥に空間を重ねているのである。

ミースもル・コルビュジエも過去の設計技法をしっかりと捉えていたのである。

バロック

バロック建築

建築におけるバロックは、十七世紀にヨーロッパで流行した。[*1] そのエネルギーの源は、十六世紀からローマ・カトリック（旧教）によって引き起こされた反宗教改革運動、また政治的絶対王政にあり、巨大な聖・俗権力と財力を背景としていた。

バロックの壁面構成の手法の一つは、コーニスやエンタブレチュアをうねらせたり、凹凸をつけることであった。壁面が動くようにも、うねるようにもダイナミックに見えてくるが、基本的には「横線」が強調された。例えば、バロックの珠玉の作品であるボルロミーニ（一五九九～一六六七）設計のサン・カルロ聖堂（サン・カルロ・アッレ・クワットロ・フォンターネ聖堂、一六三八起工、ローマ、図88）の外観や内部空間のエンタブレチュアの揺らぐ

*1　バロックに続いて十八世紀、ヨーロッパにロココが特に内部空間に現れるが、「縦線」、「横線」の壁面構成がくずれ壁面が模様化（ロカイユ装飾）してゆく。

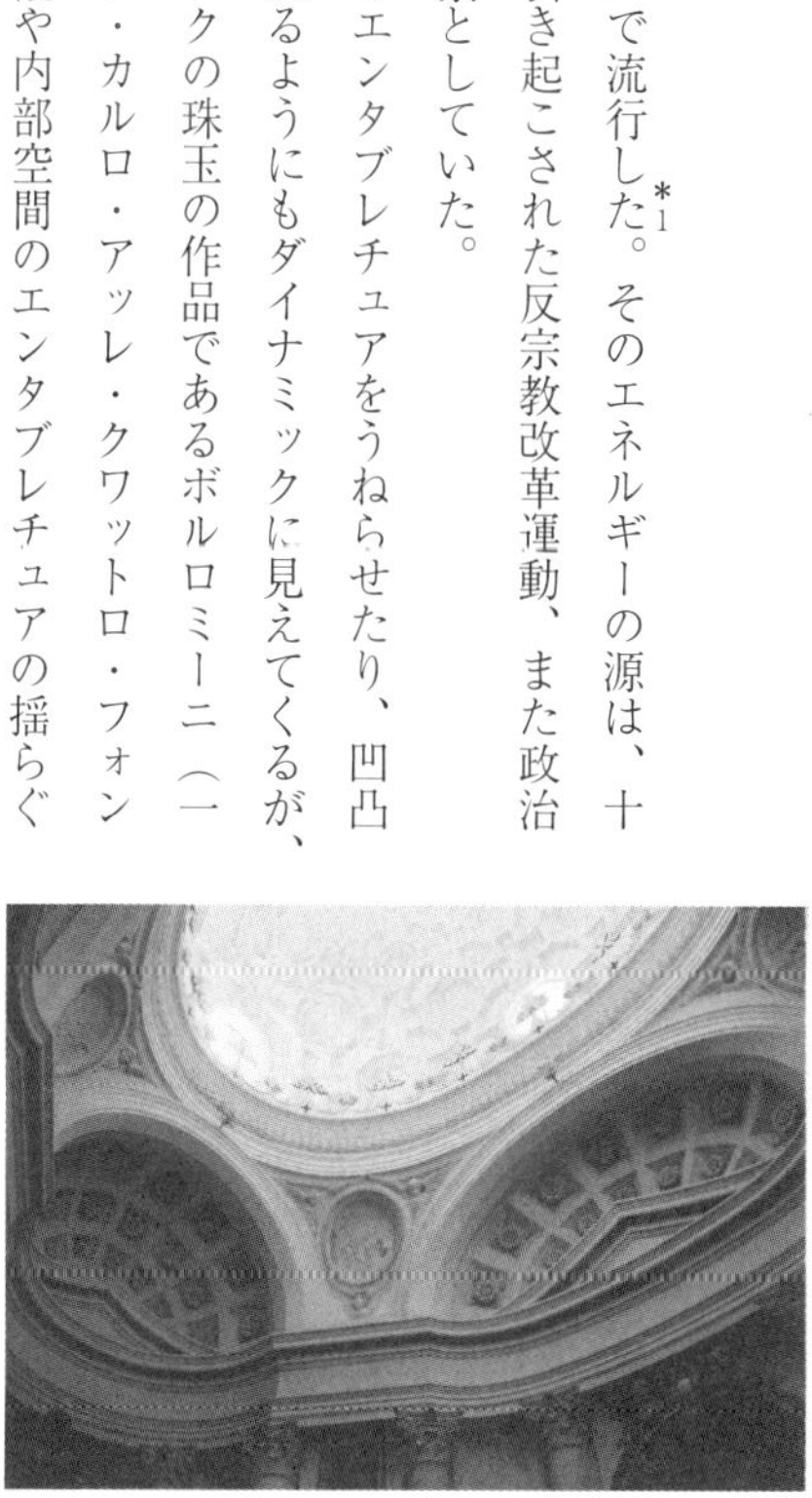

図88　サン・カルロ聖堂、ローマ　一六三八起工

湾曲も、立面はほとんど水平線（直線）の重なりで表現されている。

しかし立面的には水平線であっても、視覚的には揺れ動くように見える。観察者がその目の高さから歩きながら見上げていけば、なおさらこの歪みは動きを増す。コーニスやエンタブレチュアをうねらせることはバロックが初めてではない。古代ローマでも行われていた。すでに記したが、凱旋門正面の柱（図21）は、主な壁から突出したエンタブレチュアだけを支える構成をし、主構造体から離れ、エンタブレチュアを含め凹凸を強調している。さらにバロック的な造形をしているのは、レバノンのバールベック[*2]の円形神殿（二世紀末、図89）である。ルネサンス以降の建築家は古代にこうした建物、造形があったこと、特に凱旋門などを知っていた。それゆえルネサンスを経て形に対し自由になった建築家たちは、バロックの造形を十分考え出すことができたのである。

場合によって、列柱も柱の並びというより壁面に見えてくる。有名なバロック建築、ベルニーニ（一五九八～一六八〇）設計の逆パースペクティブが強調されたサン・ピエトロ大聖堂前広場のコロネード（列柱廊、一六五六～六七、図90、図28）は、囲うように並び立っているので、一人の人間の目からは隙間がほとんど見えず、コロネードというより壁のように視界をふさいでいる。それは「縦線」の連続に見える。列柱は独立柱であり、間から光が入るので「縦線」一本一本は分節化している。

同じベルニーニが設計したパースペクティブの強調されたヴァティカン宮殿のスカラ・レジア（一六六三～六六、図91）も、先すぼまりの階段両脇に立ち並ぶ柱は、その柱の隙間を見ることができない。両側が壁であって、柱の間から光が入ってこないため、観察者が近づいていかないと柱一本一本が分節化されて見えることがない。柱が壁のように視界をふさい

図89　バールベックの円形神殿　二世紀後半（日本建築学会編『西洋建築史図集』彰国社、一九八一）

＊2　古代ローマの植民都市。ハドリアヌス帝の頃ともいわれる。

図90　サン・ピエトロ大聖堂のコロネード、ローマ　一六五六～六七

でいる。柱の「縦線」が重なって壁面のように見えている。

バロック建築は、こうした柱の量的扱いによって「縦線」を「面」に変えていく。そこに人の動きをつくり出し、かつ柱の群によってつくり出す柱の新たな特性を導き出した。サン・ピエトロ大聖堂のコロネードの湾曲や、スカラ・レジアの斜めにパースペクティブを強調する面や、サンティ・ヴィチェンツォ・エド・アナスタシオ聖堂（一六五〇、図92）の平面的に凸凹した面が意識される。

サンティ・ヴィチェンツォ・エド・アナスタシオ聖堂の中心を挟んで三本セットの柱が二つ並ぶだけでも、その三本の柱の部分は密度が濃く、柱が建っているというよりも壁のように、そこをふさいでいるかに見える。

バロック建築の壁面は揺らぐように見える。時代としては、ルネサンス建築の壁面の自由な扱いが続くのだが、バロックは揺らいだ壁面でルネサンスよりさらに壁面構成の自由さを獲得したことになる。

そして二十世紀になって、ル・コルビュジエの近代建築五原則が現れる。壁は構造から離れさらに自由になっていく。

近代建築五原則（ピロティ、独立骨組、自由な平面、自由な立面、屋上庭園）の一つひとつが、動きながら建物の外観（各ファサード、六面をもつ立方体である建築物のファサード）、空間を見ていくとき、その動きの中でプロポーションを見いだす方法であった。近代建築における立方体の建築物は四面ファサード、屋上ファサード（平面）、ピロティが支える床面（平面）、あるいは地面というファサードを持つ。人々はそこを歩きまわって空間を感じ取っているのである。

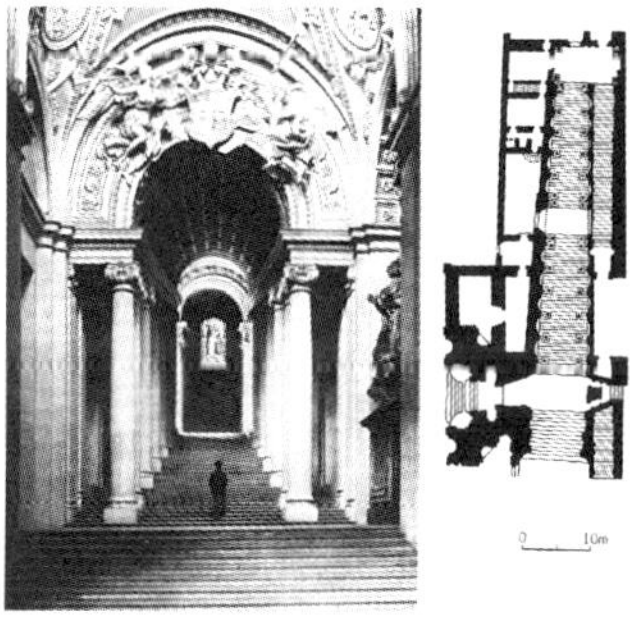

図91　ヴァティカン宮殿のスカラ・レジア、ローマ　一六六三〜六六（日本建築学会編『西洋建築史図集』彰国社、一九八一）

図92　サンティ・ヴィチェンツォ・エド・アナスタシオ聖堂、ローマ　一六五〇（日本建築学会編『西洋建築史図集』彰国社、一九八一）

この五原則はルネサンス以降の建築の壁面構成を処理してきた動きを正確に捉えていた。*3 近代建築は過去から「分離」したところと引き継いだところをもっている。「西洋近代建築史」はその過去様式から「分離」した部分に焦点を当ててきた。近代建築運動は過去を捨て、あるいは切り離し先へ先へと進んだが、それゆえ、過去の建築空間を理解する手段、方法を近代・現代は失っていく。

バロックは近代建築によって方法化されたといえば言い過ぎだろうが、形態的には全く違う両者は観察者の動く視線という視点から見れば共通性が現れる。

*3 「ピロティ」はゴシックの柱の扱いを引き継いでいる。

カールス教会（カールスキルへ）

螺旋の浮き彫りに巻かれたトラヤヌスの円柱（図20）は独立する一本の柱である。バロックの傑作とされるカールス教会（カールスキルへ、ザンクト・カール・ボロメウス聖堂、フィッシャー・フォン・エルラッハ、ウィーン、一七一六～三七、図93）の正面入口の左右に配置された二本の円柱は、トラヤヌスの円柱（図20）を模したとされているが、このように左右対称に二本配置されるとそれらは柱のシンボル性ではなく、建物の正面性を象徴する形式に変えられていることに気づく。正面性を獲得するため二本とし、その表面に描かれた螺旋の浮き彫りの巻き方は両者の中心軸に向かい合う。

螺旋は動きを伴い、上昇や下降へのシンボル性が強く主張されるものだが、二本向かい合わせて左右対称に見せることで、螺旋の動的な上昇性、下降性が押さえ込まれ、形式性へと変換させせられている。

図93 カールス教会（ザンクト・カール・ボロメウス聖堂）、ウィーン 一七一六～三七

グロテスク

グロテスクという言葉はヴォルフガング・カイザーの『グロテスクなもの』（竹内豊治訳、法政大学出版局、一九六八）に詳しいが、グロッタ[*1]（洞窟、grotta）という言葉から生じ、十五世紀末、ローマでの発掘に際して発見された装飾模様や絵に名づけられた言葉である。

そこには現実にはあり得ない姿や形が描かれていた。自然の世界にはあり得ないものである。植物と動物が一体化していたり、結びつくはずのない部分と部分が溶解して繋がっていたり、力学的に成立しないものとものとの関係が成立していたり、自然の原理が破壊され、奇妙に溶けあい、アーティキュレイト（分節）していない。

こうした模様を、すでに紀元前一世紀に、古代ローマの建築家ヴィトルヴィウスが、アウグストゥス帝（在位前二七～前一四）に献じた彼の『建築十書』の中で、自然の原理という観点から批判している。しかし反対にこの装飾模様は使われていく。十五世紀末、いわば再発見された後も、この模様はヨーロッパに流行する。

グロテスクとは当初はそうした造形的なものを指していたが、やがて文学等の言葉の世界へもその概念が拡がっていく。現実にはあり得ない姿や形だけに、そこには異様、滑稽、幻想、恐怖、嫌悪、超越が切り離しがたく共存している。グロテスクを造形や文学が積極的に表現することは合理的なものの考え方への挑戦、挑発、否定が込められていると考えていい。

理性や合理が、今、分かっている範囲でということなら、ほんとうに新しいことはグロテスクを含まずにいられない。しかし建築におけるグロテスクは曖昧である。建築においてあ

＊1　黄金宮殿（Golden House）は、紀元六四年のローマ人火後、皇帝ネロによってつくられた。内部は洞窟（グロッタ）を形成しており、ルネサンス期に発掘された。ここで発見された装飾模様がグロテスクと呼ばれ、ラファエロ（1433～1520）等、当時の画家たちの興味を惹きつけた。コロッセウムはネロ没後、この黄金宮殿の人工池であったところにつくられた円形劇場である。

り得ない結合など、それこそあり得ないからである。建築ではどんなものでも、形でも、様式でもつなげることができる。

建築は時代に大きな影響を受けてきた。グロテスクという言葉を建築で使うとすれば、その時代においてあり得ない合体、結合という前提においてであろう。しかし時代が経てばそれらは合体してもおかしくなくなる。現実には存在し得ない植物と動物を合体させたグロテスクとは異なる。建築におけるグロテスクを論ずることには、その点で難しさがある。*2

建築家と空間の話はギリシャ神話にも現れる。しかもグロテスクと関わっている。ギリシャ神話に出てくる建築家ダイダロスは建物や迷宮だけをつくっていたのではない。模型（模像）*3の牝牛をつくってミーノースの妻・パーシパエーを入れ、牡牛に本物と思わせて交わらせ、半人半獣（牛頭人身）のミノタウロスを生ませる。こうして建築家はグロテスクをもつくりだした。そしてそれを閉じ込める迷宮ラビュリントスをもつくりだす。つまり迷宮は理性、あるいは合理的なものに違反したグロテスクを閉じ込める箱（建築）でもあったのだ。

しかし設計者である建築家ダイダロスは迷宮を解く鍵を知っていた。迷宮から糸を使って脱出する方法を、ダイダロスがミーノースの娘アリアドネに教え、アリアドネが英雄テセウスに教える。テセウスに殺されたミノタウロスのいなくなったその箱（建築）は怒ったミーノース王の命により、今度は人間の理性の代表でもある建築家ダイダロス自身を閉じ込めることになる。自分でつくった迷宮は迷宮ではない。ダイダロスは脱出する方法を考え出す。翼を装着して息子イカロスと脱出する。

ここに象徴されているのは迷宮（建築）に入れられたのはグロテスクであり建築家（理

*2　シュールレアリスムという見方、例えば「あり得ない出会い」といったような見方を獲得した現代では、グロテスクはそれまでと意味を変えてしまう。ゴシックも場合によってルネサンスの視点からはグロテスクに見えた。

*3　建築家が模型や模像（imitation）をつくることに優れていたことが暗喩されている。

性）であったということである。ギリシャ神話のこの部分は、グロテスクと合理性の入り混じった物語を読み解いていくことになる。しかも建築空間と関わらせようとしている。ギリシャ神話では建築家はグロテスクをも生み出す人間と捉えられていたのである。

建築家にとって迷宮とは何なのであろうか。存在するのであろうか。ギリンャ神話のように脱出の方法と関わる機能であれば、もう迷宮は存在しない。これからの迷宮は、「宮」つまり建物と関わるのではなく、「迷」うことと関わっていくであろう。

第四章　近代・現代

近代・現代へ

建築において直線は曲線を表現できないだろうか。例えば、ある曲面では平面においては曲線であっても立面は直線であることは、直線と曲線は必ずしも相容れないものではないということだ。

それは図面という二次元的表現をフルに利用した結果である。これも空間という三次元がもつ特性であり、建築空間はそれを最大限に利用してつくられてきた。場合によって曲面も直線で表現される（図94）。例えばＨＰシェル（Hyperbolic Paraboloid Shell、双曲放物線面シェル）である。

近代以後は建物を表現するのに平面図、立面図、断面図という寸法の正確さを表記できることが優先された。

図面は施工（工事）する上で必ず作成されなければならない。建築家から職人（施工者）へ形を実現するためのコミュニケーションとして必要である。図面は現実の材料を使って、現実の寸法で建物をつくりあげるべく作成される。現実の空間は、絵や透視図やコンピューター・グラフィックスではない。立面図は「縦線」、「横線」つまり直線の重なりで表現する場合が多い。過去の建築を見るとき、われわれは立面図、断面図において曲線で表現される部分（多くは構造的工夫がある部分）に、あまりに注目しすぎたのではなかろうか。アーチ、ドーム、ヴォールトなどである。屋根に関わっているものが多い。そのため壁面構成の理解が取り残されていく。つまり直線の理解がなされていない。

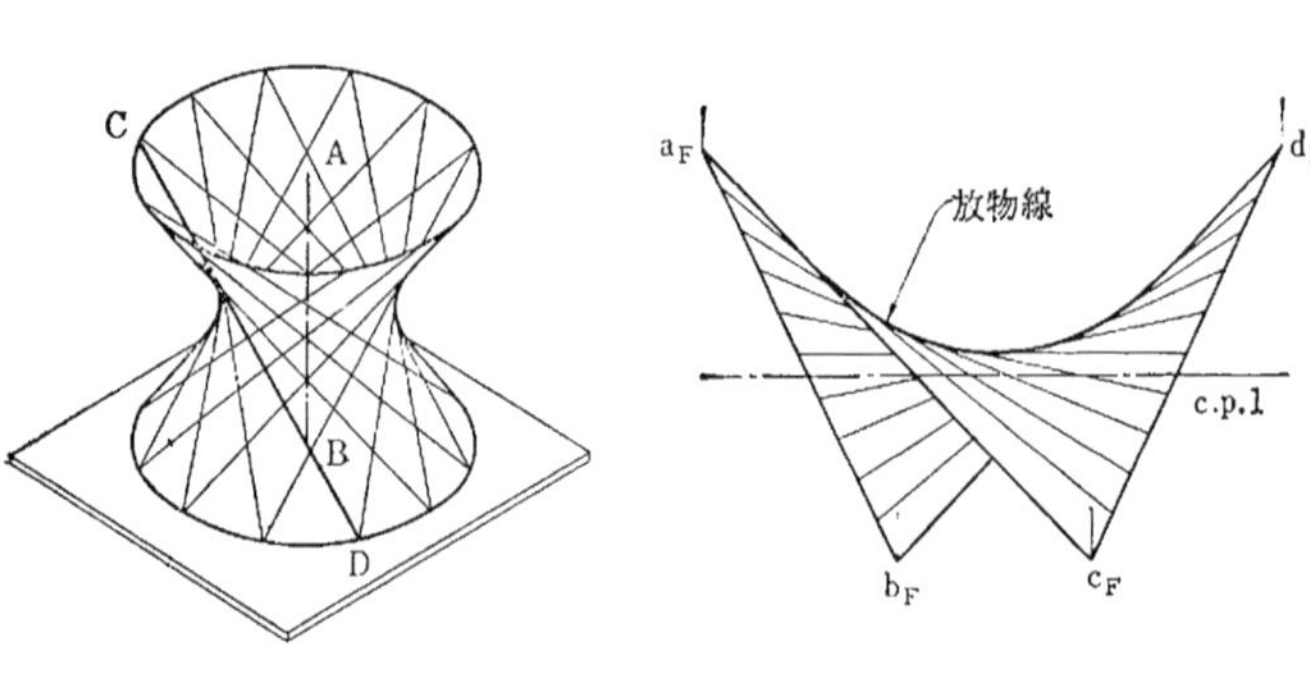

図94　双曲放物面、単葉双曲回転面（磯田浩『図学総論』養賢堂、一九六七）

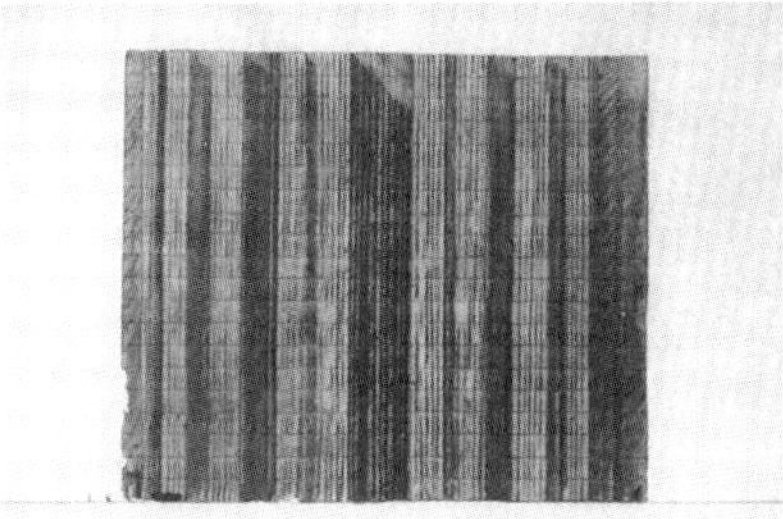

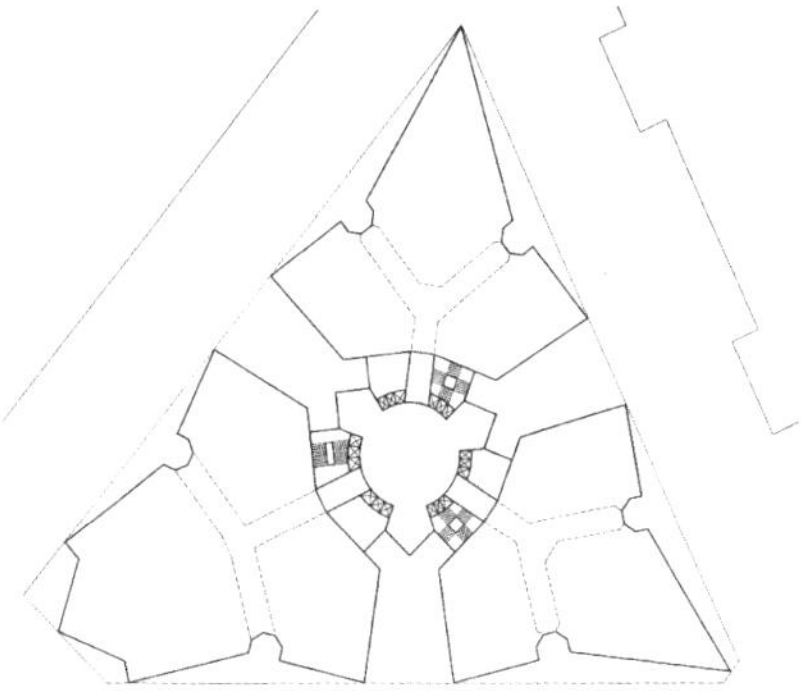

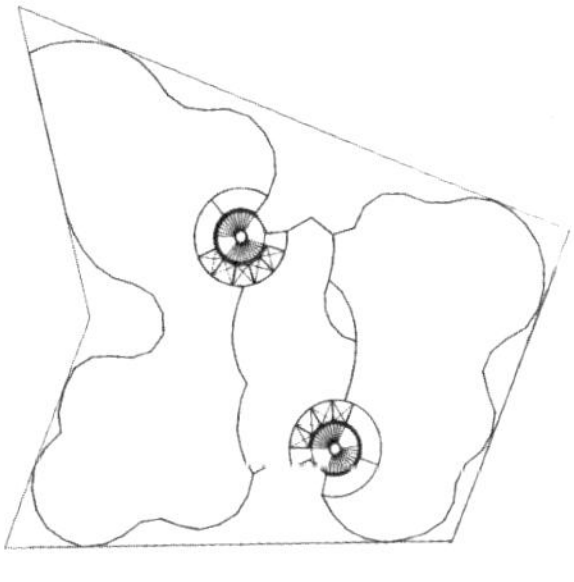

図95　フリードリッヒ街のオフィス・ビル案　平面図（上右）　一九二一（フランツ・シュルツ『評伝ミース・ファン・デル・ローエ』澤村明訳、鹿島出版会、一九八七）

図96　フリードリッヒ街のオフィス　ビル案　東立面図（上左）　一九二一（『Mies van der Rohe』ACADEMY EDITIONS/ST. MARTIN'S PRESS 1986）

図97　ガラス・スカイスクレーパー計画案　平面図（下右）　一九二二（フランツ・シュルツ『評伝ミース・ファン・デル・ローエ』澤村明訳、鹿島出版会、一九八七）

図98　ガラス・スカイスクレーパー計画案　立面図（下左）　一九二二（D・スペース『ミース・ファン・デル・ローエ』平野哲行訳、鹿島出版会、一九八八）

ミースのガラス・オフィス・ビル・コンペ案（フリードリッヒ街のオフィス・ビル案、一九二一）の平面は、矩形とは隔たった形をしているが、そのほとんどが直線を使って描かれている（図95）。そして当然のことだが、立面図（図96）も「縦線」、「横線」の直線の集合で描かれる。

翌年のガラス・スカイスクレーパー計画案（一九二二）の平面図（図97）は、今度は全くといってよいほど直線がなく、ほとんど曲線で描かれている。しかしその立面図（図98）はここでも直線、つまり「縦線」と「横線」の集合で描かれる。ミースはここで表現主義に走ったのではなく、曲線を徹底して直線で表現しようと、この立面図を描いたのではなかろうか。直線と曲線の現代的意味を問う深い意図性を感じる。

直線の意味を問わなければ、現代建築はモダニズムを越えて先に進めない。近代建築の直線はあまりに線を幾何学視してしまった結果、直線の持つ意味を矮小化させてきた。ミースは直線の可能性を極限まで求めた。突出していたのである。

建物の立面が直線で表現されるかどうかという視点で近代建築を見ると、それがほとんど出てこないのがガウディである。表現主義として流れるように自由に形をつくったといわれるエーリッヒ・メンデルゾーン、ハンス・ペルツィヒもそのほとんどの建物の立面は直線が基調である。ガウディがいかに突出していたか理解できる。しかもガウディは曲線を構造から派生させ解決した。

「縦線」に関しては、垂直線が基調になることは重力、構造の力が垂直に働くことがいかに強いかを表していると言えよう。しかしここでもガウディはそのことに異議を唱える。

また鉄筋コンクリート造や鉄骨造が現れた近代以降、「主要構造部」（壁、柱、床、梁、屋根等）が明確となり、それを外観に現すようになった。[*1] 床という要素も立面に強く働く。人間は水平な床の上しか長くいることができないからである。水平な床は立面の「横線」に強い影響を及ぼす。既述したように、ルネサンス期には、パラッツォの床レベルはコーニスとずれていた。外壁の表現と内部構造は一致せず、多くは外壁―内部空間―中庭側の壁の表現が乖離していた。

立面に曲線が多数現れることが近代・現代に起こっている。近代・現代は建築物を三次元空間として徹底化させていく過程でもある。だが、こうした三次元的に現れる曲線をコンピューターの解析に任せきることの先を危惧する。直線の意味を知る必要がある。

*1　近代以前は組積造において壁と柱を区別しにくかった。

近代建築・現代建築

近代・現代建築において、観察者の視線が動きながら外観、内部空間に注がれることは指摘されてきた。バウハウスの指導者グロピウス（1883～1969）自身、「その建築の物体性とその部分の機能を把握するためには、その建築の周りを回って歩かなければならない」[*1]と言っている。グロピウスのファグス工場（一九一一）、デッサウのバウハウス校舎（一九二六、図99）などは観察者が動きまわって見てはじめて、その空間が把握されることが前提とされていた。[*2]

バウハウス校舎は建物の中を道路が貫通していく構成を取っている。歩行者の視線ばかりでなく、車のスピードで動く視線も取り込まれている。図99の写真は車がこの建物のピロテ

*1　グロピウス『バウハウス叢書12・デッサウのバウハウス建築』利光巧訳、中央公論美術出版、一九九五

*2　S・ギーディオンは『時間・空間・建築』（太田實訳、丸善、一九六一）の中で「その建物の廻りを巡し、上からも下からも見ることが必要である」と記している。

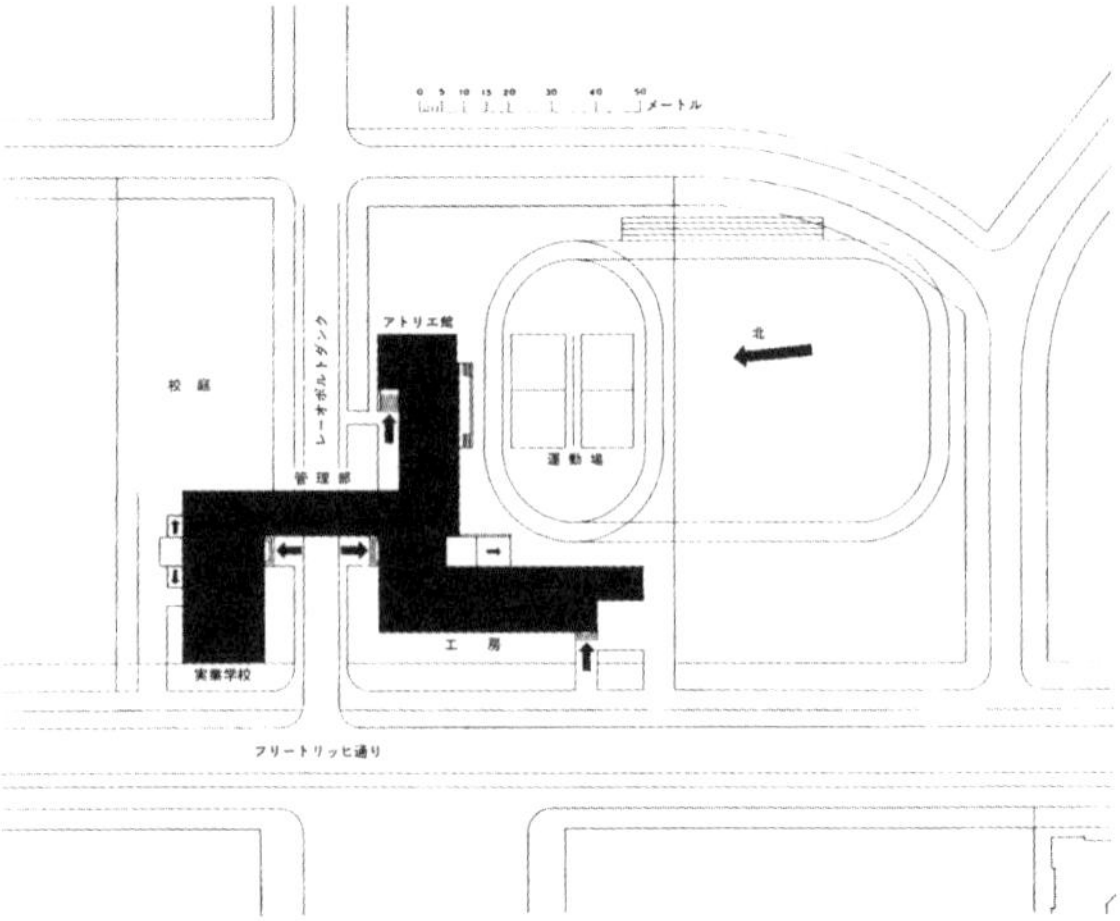

図99　デッサウのバウハウス校舎　一九二六（グロピウス『バウハウス叢書12・デッサウのバウハウス建築』利光巧訳、中央公論美術出版、一九九五）

ィ部分を通り抜けようとしている瞬間が写されている。グロピウスの意図が見てとれる。

光と風と建築

建築空間は五感によって把握されるが、近世、近代では、そのうち特に視覚が重視されてきた。しかし空間を把握するためには、視覚だけで足るわけではない。ものが見えるのは光があるからだ。それゆえ、建築空間に光がどう入るかは基本的に問われることである。同じ空間であっても光の入り方で、空間の質が変わる。視覚が重視されるということは、空間を見るための光の扱いが重視されているということである。建築空間に光はどう入ってきたのか、また光はどう入らぬよう工夫されていたのか。光に対する開と閉の空間構成、空間造形が問われる。

空間を把握するためには、視覚だけでなく五感を働かせる必要がある。しかし視覚の世界で空間や場の緊張が、見事にとらえられている例が建築にある。つまり視ることの極限でとらえられた空間である。

それは視線がとらえることの難しいものを介してなされる。目に見えないもの、つまり、空気であり、風である。風は光と同じに一定の形をもたないが、必ずしも触覚によって感じ取られるわけではない。風も空間を表す。風は見えないものを可視化する。眼には風によってものが動く姿としてとらえられる。耳にも風がものにぶつかる音として聞こえ、鼻にも風がものの香を運ぶことで感じ取られていく。建築において光と風は空間を露わにする。

シンケル小論―風とシンケル―(註)

ヨーロッパにおいて風と建築を描いたものとして、カール・フリードリッヒ・シンケル(一七八一～一八四一)のドローイングに描かれた場面が思い浮かぶ。シンケルのそれは風があって旗、煙、噴水がたなびき、帆が動いているのに水面が静態にして動かない。そこに自ら設計した建物を逆さに映し描き込んでいる。建築家が自分の設計した建物ばかりでなく、その水面に映る姿をダブって描き自ら見、人にも見せているこの異様さに惹きつけられる。まさにギリシャ神話のナルシスが水面に映る自分自身の姿に魅入るという静止した瞬間に映

(註)「空間と建築―光と風と建築―」(社)日本建築協会「建築と社会」二〇〇一年一〇月号初出掲載(本論には「光と日本建築」、「風と日本建築」の節がある。)

る美へ、シンケルは強い執着を見せているかに見える。

中世キリスト教社会には、美より神への希求があった。ゴシックである。ゴシック建築の世界は、唯一神を礼拝する場である教会堂が、他と隔絶して屹立する世界である。鏡面に映る一時的な姿は問題にされない。シンケルの場合でも教会は自分の作品の脇役として水面に描かれることはあっても、教会堂がメインに水面という鏡面に映し込まれることはない。シンケルは牧師の息子である。一方、古代ギリシャは多神教の世界であり、個々の美（用・強・美）や知に対する強い希求があった。

シンケルの描くものには静を基調として、わずかな動が描かれている。静が張りつめている中、わずかに動がその緊張に「破」を与えているのだが、それがかえって静を高める。マストのトップの旗がたなびき、帆が少し風をはらみ、舟が進んでいるのに水面は鏡面に近く、行き交う舟には航跡がない。その水面にシンケル設計の建築アカデミー館の鏡像が映っている（図100）。建物屋上の旗がたなびいているのに、噴水はたなびかない（図101）。噴水も煙もたなびいているが、その動きに水と煙の重さの差が描かれていない（図102）。周囲の樹木がざわついているように見えるのに、建物と水面だけが静止している。さまざまに静と動の矛盾が描かれているにもかかわらず画面全体から受けるのは、時間が止まったかのような感覚である。シンケルの古典主義である。ここには画家ではなく建築家の意図が絵として表現されている。本来、目に見えないものを見せようとする意図は視覚の極致を示すことであるが、吹いている風と鏡面の水面といった画面上の矛盾は、現実ではなく、建築家が呈示する空間の意図を激しく表している。

シンケルのドローイングのうち最も知られたシャルロッテンホーフ宮、その宮廷庭師の家

図100　建築アカデミー館（KF SCHINKEL SAMMLVNG ARCHITEKTONISCHER ENTWVRFES Princeton Architectural Press New York 1989〈図100～図103〉）

図101　グリーニケ宮

図102　シャルロッテンホーフ宮「宮廷庭師の家」の中庭側

図103　シャルロッテンホーフ宮「宮廷庭師の家」の水辺側

図104　カンピドリオ広場とサンタ・マリア・イン・アラコエリ教会
コンスタンティヌスの凱旋門
（JOHN WILTONELY『The Mind and Art of Giovanni Battista PIRANESI』Thames and Hudson Ltd, London 1978）

図105　バルセロナ・パビリオン（バルセロナ万博ドイツ館）一九二九（フランツ・シュルツ『評伝ミース・ファン・デル・ローエ』澤村明訳、鹿島出版会、一九八七　下現在）

の水辺側の図（図103）こそ、シンケルの整合と矛盾の一瞬を固定したものであろう。建物をそのままに映す静止した水面、噴水の動きも風に揺れず、舟も棹をさして動きながら、水面に建物と同じに静止した姿を映す。水鳥も水面を動きながら静止し、そのままの姿を水面に映す。水鳥は、互いに直角になる方向を向いた二羽が描かれているが、水面に動きを伝えていない。いずれも静止した姿を一瞬の内に固定したかのようである。美に魅入られた一瞬の静止を示している。

シンケルがしばしば、しかもわざわざ二羽の水鳥の向きを横方向と奥行き方向に描くことからは、彼の面的ではない空間把握の合理性が伝わってくる。外部空間や内部空間においても、人や動物の配置に空間の奥行きや貫通が描かれる。図103で横方向の舟とは別に、画面右側にもう一艘の舟が緑のトンネルを奥行き方向に貫通して通っていく姿が描かれている。横方向、奥行き方向が舟と水鳥にスケールや遠・近を変え、空間の奥行きが膨らませられている。彼の描くものには空間把握への知がさまざまに埋め込まれている。三次元空間の奥行きを示したかったのだ。シンケルには美と知への強い希求があった。

画面の中では植物だけがその静謐さを破って、微生物が蠢《うごめ》いているかのようにざわついている。それはピラネージ（一七二〇〜七八）のエッチングに描かれた廃墟（『ローマの景観』、「ローマの遺跡」）に暴力的に生える植物の姿とどこか通底しているかに見える。ただしピラネージの描くものには自然（土、樹・草）が、人工物である建築とまだ果敢に戦っていた時代の面影をはっきりと残している（図104）。古典建築を描きながら、たとえ廃墟であってもシンケル的な時間が止まったかのような画面ではなく、逆に視る者にざわつくような感覚を与える。それが新古典主義、ロマン主義双方に影響を与えた。

図106 バルセロナ・パビリオン、コルベの彫刻（一九二九）

シンケルが何度も描いた風にたなびく旗は、彼の賛美者、ミース・ファン・デル・ローエによってバルセロナ・パビリオンの前面にたなびく旗に、確実に参照されている（図105）。さらに、このパビリオン前面の大きなプールとゲオルグ・コルベの彫刻の立つ奥まった小さなプールの二つの水面は、外部と囲われた内部と二種類の風を受ける場としてイメージされていたであろう。前者は風を受ける水面として、後者は三方を石の壁で囲われた風を遮る鏡面の水面として。事実、後者の水の中に立つコルベの女性像は、鏡面の水に映る自分の姿を見つめている（図105）。ミースはシンケルのドローイングに描かれた古典主義を自分自身の志向として的確にとらえていたのである。

シンケルは生涯、「古典」だけをつくっていたのではない。「古典」の中に彼の最も緊張したときの世界が現れてはいるが、「ゴシック」も「折衷」もつくっている。シンケルがギリシャ古典的建物ばかりでなく、その他の様式の建物においても、自分の設計した建物の姿と静止した水面にそれが映る鏡像をしばしば描くことには[*1]、ギリシャ古典でなくシンケル古典ともいうべき、様式には必ずしもとらわれない美に対する建築家の意志、意図が伝わってくる。

建築や都市の空間性への意図が、視覚を通してそれを超えようとする緊張の中に現れる。彼の描いた水面をあと少しでも騒がせるとその静謐さは失われる。水面の静止とひそやかな風の存在を示し、静と極小の動との対比を描くことで、この空間は成立している。

視覚重視の時代に、目には見えない空気や風を描くことに彼は視覚の時代の緊張を感じていたのであり、その他の感覚と知とを働かせて感じ取る空間を表現していた。画面は静謐にして視覚の中で静止していても、耳を澄ませば噴水が、旗が風を切る音が聞こえてくる。

＊1　日本では建物の前に池が配され水面に映る建物の姿と合わせて見せることはかなり常套的な手法である（図72、図73）。またそこに月を映すこともしばしば意図されている。

（註）拙書『近代日本の建築空間』理工図書、一九九八、初出掲載

図107　ケルントナー・バー、ウィーン（一九〇七、現在のアメリカン・バー）

ロースとワーグナーの内部空間（註）

マッキントッシュ（一八六八〜一九二八）の椅子やテーブルは、彼の設計した室内空間の中ではその形体のため彫刻的に置かれたり、壁のデザインと合っている場合を除けば、腰板張りや家具そのものに囲われており、白い壁に見苦しい凸凹の影、視線に対するシルエットを落とすことはない。徹底しているのはアドルフ・ロースで、ケルントナー・バー（現在のアメリカン・バー）（一九〇七）でも家具は鏡に写らない（図107）。眼の高さより上に貼られた鏡にはあくまで柱・梁に区画された天井が奥に向かって伸びていくのが見え、家具や人間などの形のデコボコは映らない。そこには建築の構成物だけで空間や奥行きが現れている。ロースのバー、カフェーそして住宅でも、家具は腰壁であったり、アルコーヴであったり、少ない例外を除けば徹底して囲われている。

同じウィーンのオットー・ワーグナー（一八四一〜一九一六）の郵便貯金局（一九〇六）の副総裁室や会議室などの小部屋にも、そうした腰壁が現れている。また中央窓口ホールにしても腰高のカウンターに囲まれ、独立して床から立ち上がった内法高さのアルミ製暖房吹出口も、腰の高さまで平行の横縞の突起した模様で腰高が強調、意識されている（図108）。この空間には腰高で囲われた空間が一重あるのだ。茶室の和紙の腰貼がつくり出す空間のように。ただし茶室では和紙の高さは一定でなく、さらに複雑な操作がなされる。

またホールの中心部の独立した鉄骨柱は、内法高さまで下部をアルミで被覆し、その高さを意識させている。ここには内法高さを意識させるもう一重の空間がある。家具類の高さはこれらの高さのなかに納まってしまい、内部の観察者の眼に腰高から上にデコボコのシルエットを見せることはない。腰高から上に見えるのは内法高さの暖房吹出口や柱のアルミの根

巻、ドアや受付などの開口部であるが、みな内法高さに納まっている。これら水平な床、腰高、内法高さ、そして欄間高さ（オフィススペース部分の天井高さでもある）の上方に、曲線に膨らんだガラス天井があるからこそ、この吹抜け空間が余計強調されるのである。基本的には造形が床、腰高、内法高さ、欄間高さといったいくつかの水平の高さによって整理されている（図109）。その各々の高さによって囲われた空間が何重にも重なっているのだ。その重なりの中で観察者は見ている。つまりこの曲面のガラス天井はその下部に制御され、重層化された水平構成面をのみ込んで成立している。そのことによってヒューマン・スケール（腰高、内法高）が内部空間に持ち込まれる。

図108　郵便貯金局、ウィーン　一九〇六

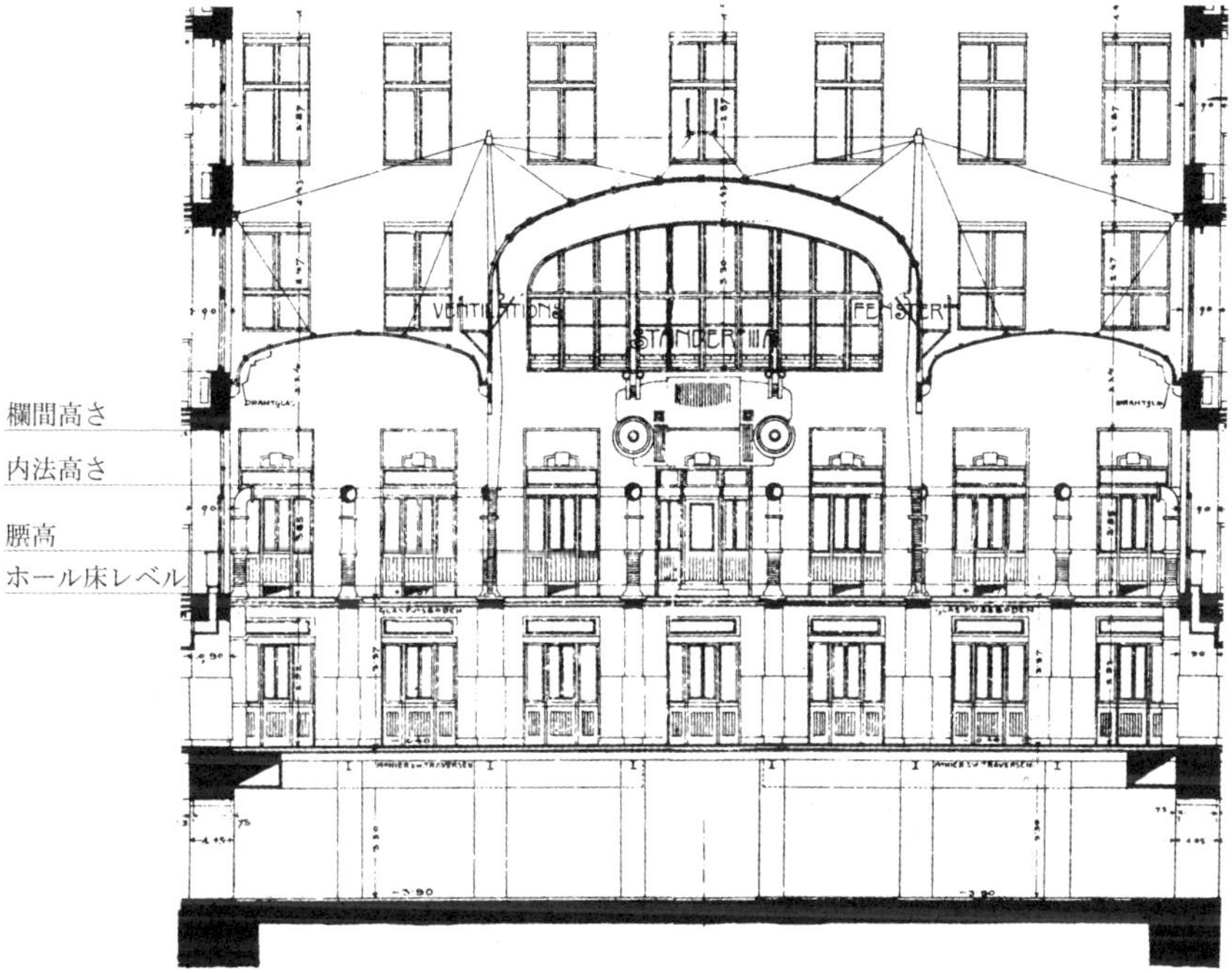

図109　郵便貯金局（設計競技案）（オットー・ワーグナー、一九〇六）の高さ構成（H・ゲレーツエッガー、M・パイントナー『オットー・ワーグナー』伊藤哲夫・衛藤信一訳、鹿島出版会、一九八四）

図110　「ジョンソン自邸」一九四九（フランツ・シュルツ『評伝ミース・ファン・デル・ローエ』澤村明訳、鹿島出版会、一九八七）

床高、腰高、内法高さ、天井高さなど水平構成面をもつことは[*1]、観察者が同じ床面を眼の高さでいくら動き廻っても、その見え方はそれら水平方向の枠によって区画され、強い影響を受ける。

この建物の内部空間には、こうした高さにおける整合的な構成があるため、アールヌーボーとは違った構成的な理知性を見てとれる。内部空間が平面ばかりでなく、高さにおいても、西欧の家具との関係において現れてくることが徹底して意識、追求されている。

マッキントッシュ、ワーグナー、ロースの多くの作品が日本で言えば、明治期の後半につくられたのである。そこで彼らはすでに様式ではなく建築的方法を求め、かつそれを建築に実現していた。その明治の末になって、日本では「我国将来の建築様式をいかにすべきや」(明治四十三、一九一〇)という様式論争をしていたのである。

*1　日本建築の構造は木造軸組で構成される。そのため柱・梁など内部、外部に露出するので、こうした水平構成面を何重にも持つ。それゆえ、日本建築は水平方向への空間の流動性をつくりやすい。しかし逆に内部空間においては高さ方向への空間性を表現しにくかった。

ジョンソン自邸とファーンズワース邸(註)

現在、世界にモダニズム志向の強い建築物が数多く現れている。モダニズムそのものの批判もさることながら、一方でモダンの差をどう読むか、読みとらなければ批評の成立が難しい。ジョンソン自邸とファーンズワース邸は外観が一見近似しているにもかかわらず、視点の差によってそれらの建築に対する批評を大きく変える。また、今後も、世界に建築家相互に近似的な建築作品が出てくる可能性が強い現在、ジョンソンが自邸の「本歌」を明らかにして自己作品の可能性を見ていることは重要である。

フィリップ・ジョンソン自邸(図110)の完成は一九四九年で、ミース・ファン・デル・ローエのファーンズワース邸(図111)のそれは一九五一年である。これだけ見ればジョンソン

(註)「ジョンソン自邸とファーンズワース邸」日本建築学会「建築雑誌」二〇〇〇年九月号「建築論壇」初出掲載

自邸の方が先にイメージや計画も進んでいたと思われがちであるが、ジョンソン自邸の計画はジョンソン自身が言うようにファーンズワース邸の初期スケッチ（一九四五）を参照しており、そこにこの建築の意味の多くが包含される。「本歌」を明らかにしない現代建築は不毛である。フィリップ・ジョンソン自邸は、「本歌」をミース・ファン・デル・ローエのファーンズワース邸に取ったことを明らかにしたがために大きな影響力を及ぼした。

ただし、本歌がどれほどモダンの中で明快で力をもっているか、そして本歌取りの方はそれに拮抗して意味をつくり出せるかがさらに問題である。ジョンソンはファーンズワース邸が竣工する前、スケッチ段階で近代建築におけるその明快な力を見分けたのだ。

ミースの空間は、その多くで柱と壁ないしガラス面が対比的に扱われている。鉄骨造の建物では、その構造である鉄骨が表現として強調される。構造体に耐火被覆が法的に要求される場合でも、外観にはその建物の構造システムをイメージさせる柱、特にI型鋼（マリオン、方立て）が表現要素として強調される。渡米後、ファーンズワース邸以後はその強調の仕方も、そうした柱は表現要素として外壁の外に露出される。この強調は方法として溶接を多用し、端部における両方向からの見え方を同じにすることを意図しており、コーナー・ディテールの完成、古典主義美学的傾向を帯びていく。ガラス面はこの露出された柱の内側に張り付くことになり、外部から見たとき、I型鋼の方が強調されガラス面は引っ込み、非存在性がより表現される。

一方、ジョンソン自邸はミースのファーンズワース邸の外壁廻り（図111）、つまり柱とガラス面との関係をインサイド・アウト（inside out）したものである（図112）。そのため外部から見たとき、ガラス面が強調され、ガラス面の裏、つまり建物内部に入っている柱は窓割

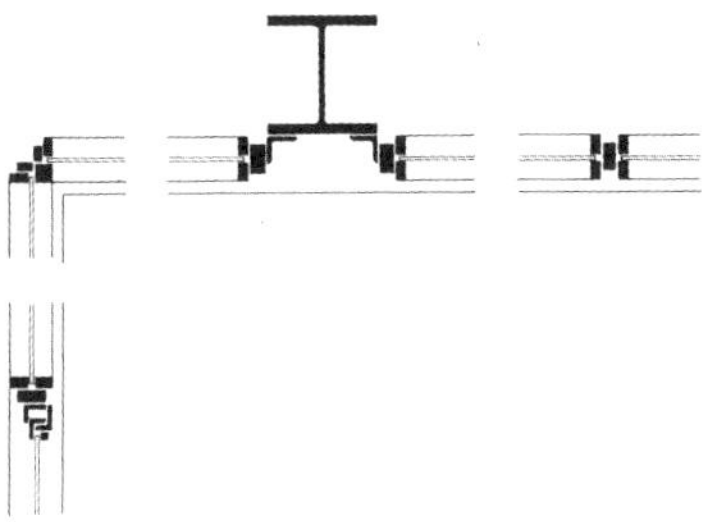

図111　ファーンズワース邸　コーナー　ディテール　一九四五〜五〇（D・スペース『ミース・ファン・デル・ローエ』平野哲行訳、鹿島出版会、一九八八）

り（fenestration）の構成要素のように弱化されてしまう。それは柱という構造要素というよりも窓割りという外観のプロポーションに影響を与えるものとなる。

ミースの建物を、それは必ずしもファーンズワース邸でなくても大都会に建つ高層ビルであってもよいのだが、ストッキングをひっくり返すようにインサイド・アウトしたとき見えてくるものが、ジョンソンのガラスの家 Glass House という見え方である。つまり観察者がこの建物外部から見たときに見える、柱というより、ガラスに囲われた空間という見え方である。

こうしてジョンソン自邸の外観は Glass House という名が示すように、ガラス面がこの建物の特性と化す。ガラス面が存在として呈示される。ファーンズワース邸の柱が強調された外観の特性とは対立する。ジョンソン自邸は自然に囲われた環境の中で、時々に変化していく自然環境のガラス面への観察者に対する反射、視線の透過がこの建物を敷地の中でたゆたわせる。このことは逆に言うと室内側に廻ると室内にいる観察者は、柱が強調されたミース的外観にあたるものを見ることになる。内部から柱の形鋼断面が識別できる。そこではガラスは露出した柱とそれに挟まれた面という関係性において非存在性を示している。ガラスの見え方は視点の位置で逆転する。

一方、ファーンズワース邸を内部の視線から見れば柱の存在性が薄れ、つまり窓割り（fenestration）的に見え、ガラスの存在性が現れてくる。内部はガラスに囲われた空間なのだ。

ミースを参照しているとはこうしたことが含まれる。つまりそのままミースを写しているのではない。ジョンソンはファーンズワース邸からその後のミースを予感していたと言っていい。その内部空間はミースという古典主義的外観を観照する場として提示されている。コーナー柱廻りはミースの古典に倣ったコーナー・ディテールの完璧性と異なり[*1]、一方向性となって破綻している。そのため内部の視線に対して、建物平面における長辺方向二面がミース的立面であり、短辺方向は柱のないガラスの抜けた扱いが現れる（図112）。つまりコーナー・ディテールの二面性が現れる。

それゆえ、内部のレンガ造の円筒形のバス・トイレ・シャフトや家具が、大都会のビルのようにミース的な二つの立面に挟まれて内部に建っており、プレーンな天井はこの建物の外のニュー・キャナンの美しくブルーに抜けた自然の空と異なり、対比され、不透明な見通しのきかない都会の空を暗喩している。円筒シャフトは天井を貫き、屋根を貫き、雲の上にそびえ立つ超高層の比喩に見えなくもない。逆に外部の自然の中からこの建物を見ると、ミースの空間がインサイド・アウトされることによって周囲の自然がジョンソンの住みたい空間なのだと認識できる。ここでは時に周囲の自然がインテリアなのだ。

ここには自邸の内部空間の中に、ミース的立面ファサードを持ったビル群などによってつくられた都会が封じこめられている。そこにこのニュー・キャナンのすぐれた自然環境を選び、建物群を散りばめた敷地全体の意味もある。自然が都会を囲い込んでいる。

ミースにしてもジョンソンにしても、観察者の視点の位置が重要だ。観察者が内部にいるか外部にいるか、視点の位置が空間の意味を変える。特にジョンソン自邸はファーンズワース邸を参照しているだけに、そこでの観察者を含めてのインサイド・アウトは視線が逆転する。それだけではない。体感的概念に関わるインサイド・アウトは空間性を理解するのに観察者に視覚感覚と異なった空間把握の感受性をもたらす。

＊1 「ミースとコーナー・ディテール」の節、参照

図112 ジョンソン自邸 コーナー・ディテール 一九四九（D・スペース『ミース・ファン・デル・ローエ』平野哲行訳、鹿島出版会、一九八八）

反転は意識の中でもなされる。反転が意識されたジョンソン自邸では観察者は両方を見ることになる。これはガラス面が柱の前を通るか後ろを通るかで議論は終わらず、一人の観察者の中で視点の内外の移動が意識される。

現代における参照あるいは本歌取とは本歌を徹底して読み、他の価値に変えることである。観察者にとってジョンソン自邸はファーンズワース邸を離れて見ることはできない。その視線をジョンソンは利用している。

ガラスで囲われた空間も単純にあるわけではない。ジョンソン自邸は外観のコーナー・ディテールで破綻する、否、破綻させているのだ。古典主義建築のコーナーの外観、どちらから見ても同じディテールに見える納まりをとっていない（図112）という意味で、ミースの古典主義的アプローチとは異なったところでこの建物は意図されている。

ガラスで全体が囲われた外観は、実はコーナーで柱がそのガラス面を断ち切ってしまい、その柱は基壇のレンガをも貫き、地面にまで伸び達している（図110）。つまり基壇も柱によって断ち切られている。四隅の柱によってガラスの包囲性と基壇性もが弱められているのだ。また基壇の立上りレンガ面はガラスのサッシュ面とゾロ（面一《つらいち》）に納められており、それは基壇というよりも基礎の立上り、あるいは外壁に見える。

古代ギリシャ神殿の円柱が基壇全周を取り巻く石段（スタイロベート）に対し内接して立ち上り（図5）、柱が基壇上をぎりぎり囲い取っていることがなぞらえられているようにも見えるが、柱が基壇を四隅で切断しており、ギリシャ神殿の柱と基壇の関係とは異なる。ミースのIIT同窓会館（一九四六、図113）の柱の下をレンガが廻る古典的コーナー・ディテールと対比的である。ミースはここで（図113）、ギリシャ神殿のコーナー・ディテールの完

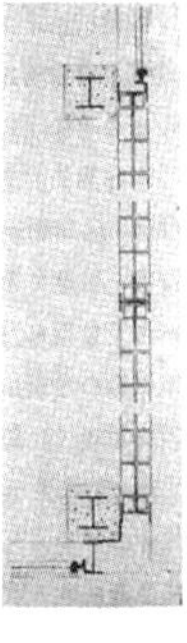

図113　IIT同窓会館　一九四五　コーナー・ディテール（フランツ・シュルツ『評伝ミース・ファン・デル・ローエ』澤村明訳、鹿島出版会、一九八七）（山本学治、稲葉武司『巨匠ミースの遺産』彰国社、一九七〇）

壁さに挑んでいる。

ジョンソン自邸では柱はコーナー四五度方向より平面短辺側に廻って見れば掘立柱的扱いに見える（図110）。八本の柱のうち、このように四本のコーナー柱が他の柱とは異質な扱いを受けており、そこに柱の象徴性の残滓を見る。しかしそれは見方を変えれば、この建物に四隅の柱で掘立という柱の象徴性を取り戻しているとも見える。

同じ八本で、すべての柱が掘立で、ガラス面との取り合いを除けば柱は皆同じ扱いで立ち、柱の象徴性をはっきりと示しているファーンズワース邸と比べて見れば、その両義的あり方がはっきりとする。観察者に両義的、多義的に受け取られることにジョンソンの韜晦もある。同じ八本の柱が支える空間であって、これほど似ていてこれほど異なった空間もない。

ミースのファーンズワース邸では、コーナー・ディテールの完璧性を保つために、柱位置をガラス面のコーナー端部からずらせている（図111）。柱は八本すべてが掘立柱的扱いである。柱がI型鋼であるためコーナーにおける両側からの見え方は異なるが、柱をガラスコーナーつまり外壁端部からずらすことでコーナー・ディテールの完璧さを何とか保持し、I型鋼の柱としての要素、垂直性、シンプル性をそのままに表現している。

既述したようにミースは高層などで耐火被覆が必要な場合、構造柱を上層階では隠しても表現として柱型（I型鋼）を別に外観に出す。それは構造的には働かず、マリオン（mullion、方立て）であったとしても表現としては柱である。ファーンズワース邸に多くを負うレイク・ショア・ドライブ・アパートメント（一九四八〜五一、図48）がこの傾向を示す最初の建物である。[*1] ミースの空間には、柱によって外部から支えられ囲われた内部空間がある。内部から見れば柱の垂直性が薄れガラスの存在性が強調される。

＊1　「ミースとコーナー・ディテール」の節、参照。

ジョンソンの議論好きは有名である。つくるものごとに議論を巻き起こす。ジョンソンは自らを「モダン」であり機能主義者であり折衷主義者であると規定している（「a＋u」一九七九年六月増刊号）。これが自己規定といえるだろうか。彼は常に最先端の半歩うしろを最速で歩きながら、世界の最先端の渦に流れを見つけようとし、時代を測っているかに見える。

ジョンソン自邸のレンガの基壇も不思議な納まりをしている。ファーンズワース邸の土から建物本体を浮かせ中間にデッキをつくって次第にあがってアプローチしていく方法、床、軒を短辺方向にだけ柱から跳ね出し、軒下空間また内部空間に囲いとる方法、とは異なる。

ジョンソン自邸のレンガの基壇は、できるだけ地に近づけて築かれてはいるが、四隅は鉄骨の柱によって切断され、基壇としてレンガはつながり廻っていかない。外部から見れば、基壇は柱によって断ち切られている（図110）。室内床はすべてレンガ敷きであるから基壇的であるが、室外のレンガ部分は立上がり部分だけであって、外部に向けての基壇の平面的拡がりはない。レンガ部分を限定している。軒もない。入口前のステップも材料が異なり石である。そして四隅の柱が地面まで伸びて基壇面をぎりぎりに限定するという基壇・柱の関係である。このぎりぎりに空間を限定することに、この建物の意図が強く現れている。つまり基壇高さを地にぎりぎり近づけることを含め、基壇性を極限にまで押さえ限定しているのだ。そこではファーンズワース邸の軒や軒下やステップ、地から浮くといった伸びや自由さがいっさい剥ぎ取られている。

モダンが選んだフラットルーフは、屋根の架け方によって方向性を持たせないようにする方法でもあった。それは直方体のどの立面をも自由に扱うことができ、方向性の呪縛から解放された。もう切妻側、平側（軒側）の関係を操る必要はなくなった。

ジョンソン自邸は外部から、直方体、長方形平面に長手面へアプローチするという方向性が持たされている。斜めにアプローチして行く小径（footpath）には、その方向性への意図が込められている。この小径と自邸の場の関係を、平面において、点対称的に反転するとゲスト・ハウス（一九四九）とそこへの小径が現れる（図110）。この反転は図形ばかりでなく、Glass House から Brick House への変換、物質、空間の変換である。存在性と言い換えてもよい。ガラス（Glass）という存在からレンガ（Brick）という互いに異質な物質の存在性（空間性）への転換である。

ミースはその初期に Glass Skyscraper（一九二一、図98）と Brick Country House（一九二三）というこの双方の材料（ガラスとレンガ）を特性とする空間をつくり出している。ジョンソンは自邸をつくるにあたって、ファーンズワース邸だけを参照していたのではない。ただしジョンソンのゲスト・ハウスにはミースの独立して自由にのびる壁（free-standing planes）による、流れるような空間（flowing space）はない。閉鎖的な囲われた空間である。それはやはり Glass House の物質性、空間性への対置としてある。Glass House にはガラスによる視線や光の透視性、反射性がとらえられている。ゲストハウス（Brick House）ではそれらが拒否されている。

ジョンソンはニュー・キャナンの広い敷地を使って、一つの建物ではなく複数の建物を散在させることで、いくつもの彼の意図を表現していた。材料（ガラスとレンガ）の物質性と空間性は、ミースのつくってきた建物を歴史的にたどることでここに取り込まれている。

ジョンソン自邸にしてもゲスト・ハウスにしても、レンガは素材の色そのままにされている。鉄に本来の色があるか、ないかは重要な点である。ミースは鉄には独自の色がないと明らかに考えていた節がある。ファーンズワース邸の柱は白色に塗られ、シーグラム・ビル（図49）の鉄骨の色もこの会社の酒のボトルの色に合わせたと言われている。ミースは鉄そのものの色にこだわっている気配はない。あえて鉄っぽい色に決めないことにミースの鉄に対する考え方が現れている。

バルセロナ・パビリオン（一九二九）のクロムの十字柱も生のスチールを使わないことに意味がある。また同じ近代的材料である生のコンクリートを使わず石を使う。クロムの柱の垂直性に対し、石の基壇の水平性、独立して自由にのびる壁（free-standing planes）も強調される。軒が出て、基壇も外壁ガラス面を、外部へはるかに越えて拡がる。ジョンソン自邸はこの空間をも参照し独自の空間に変換させている。

バルセロナ・パビリオンは内部空間より広くのびた基壇上に庇も含めて拡がる空間であり、ジョンソン自邸は軒を全く持たず、さらに基壇をこれ以下にはできないよう限りなく限定して成り立つ空間である。

ジョンソン自邸の鉄の色には、ミースほど鉄という材料に対する表明がない。それは鉄っぽい色であいまいにされている。そこにジョンソンの意図もこの敷地に建てられた建築群の韜晦なあり方もあったろう。おそらくジョンソンという人物の存在の特性も。

ギーディオンの『空間、時間、建築』、コーリン・ロウを経た「透明性」という概念が明確に、あるいは多様に語られる必要がある。この小論ではジョンソン自邸とファーンズワース邸を取りあげ、ひとつには、「透明性」と混同されがちな、両者におけるガラスという近代的な材料の存在性と非存在性の意味を明確にしておきたいという意図がある。

ガラスはある場における、ある方向から見たとき、存在性または非存在性が、またそれらが同時的に現れてくる。それは非存在的であってもnothing（無）ではない。ただし、たとえば「日本的意識」からはnothing（無）と受け取られる可能性もある。

ガラスそのものは非存在ではない。ガラスは物質であり正確に言えば透明性という属性をもった物質であり、空気や人の動きを妨げ閉鎖する性質を合わせ持っている。ガラス面上への反射はその物質性を明らかにする。しかしガラス面は常に反射を保つわけでも、常に透明性を保つわけでもない。ガラス面はそれがガラスである限り、いつかはそこに物理的に反射を、あるいは透明性、またその両者を同時に生じ得る。存在性や非存在性は場（当然コンセプチュアルな場も含む）によって、またそこにおける視点の方向から生じてくる。つまり建築空間、場がどう扱われているか、観察者がどう立ち会っているかが問題にされる。ガラスが一義的に透明性や反射性を現すわけではない。

そう見てくるとジョンソン自邸のガラス面の腰高にあるスチールの横桟は、ガラスの存在性を内部からも外部からも保証しているかに見える（図110）。Glass House たる所以である。

あとがき

「日本建築の空間史」（『建築概論』第三章）を上梓したとき、空間史の視点を日本に限らず、世界に向ける必要性を感じていた。日本建築ほどにはどうしても身近に体感する機会が少なく、曖昧に感じとってしまう他国の空間である。

その前に『白井晟一空間読解―形式への違犯』をまとめた。白井作品を間近に見る機会に恵まれたのが直接のきっかけであった。学生の頃、白井晟一は西洋建築を知る人だと感じていた。白井の付け柱が非常に意図的なものであることが解ってくると、白井はよくロマネスクやバロックを引き合いに出され批評されてきたが、そればかりではなく日本人にとって一番わかりにくいルネサンス建築を非常によく理解していた人物ではないかと考えはじめた。

西洋建築の空間は基本的には組積造の世界である。日本にそうした構造の空間がほとんどなく、その構造によって支えられた空間を感性が捉える機会に出会わない。そこで西洋建築史において構造が徹底して解明されてきた。

しかしルネサンス建築を見るとき、構造だけがルネサンスの表現を支えていたとは感じられない。アーチ、ヴォールト、ドームといった構造を読むだけではルネサンスの空間は見えてこない。壁面構成を読む必要がある。

形が考えられるとき、そこに意味が加えられ、それが新しければ空間は大きく変化する。ルネサンスは「古典復興」あるいは「再生」といわれるが、古典という過去だけにこだわっていたのではなく、新たに近世の社会に踏み出す努力をした結果、成し遂げられたものだ。それはルネサンスにおける「生成」と言える。この「生成」の強さを探らなければならない。「古典復興」、「再生」であるルサンス建築を考えることは、当然のごとく古代ギリシャ・ローマ建築を考えることになる。ゴシックとの差もある。また近代への足がかりでもある。そこで古代から現代までを記すこととなった。

本稿は西洋の建築が持っている空間の特性を知る行脚（空間史）の過程を述べたものである。諸賢のご批判を得て、さらに先を続けていきたい。

本書を上梓するにあたって名城大学名誉教授の伊藤三千雄氏にさまざまなご指摘をいただいた。心よりお礼申し上げたい。執筆を終えるにあたり、内容の不首尾はすべて著者の責任である。

また校正にあたって鹿島出版会の橋口聖一氏にお手数をおかけした。ここに記して感謝の意を表したい。

二〇〇七年五月

安原盛彦

参考文献

・日本建築学会編『西洋建築史図集』彰国社、一九八一
・日本建築学会編『日本建築史図集』彰国社、一九八〇
・建築学大系編集委員会『建築学大系五　西洋建築史』彰国社、一九六八
・森田慶一訳註『ウィトルウィウス建築書』東海大学出版会、一九七九
・森田慶一『建築論』東海大学出版会、一九七八
・桐敷真次郎編著『パラーディオ「建築四書」注解』中央公論美術出版、一九八六
・桐敷真次郎『西洋建築史』共立出版、二〇〇一
・福田晴虔『パッラディオ』鹿島出版会、一九七九
・相川浩『アルベルティ　建築論』中央公論美術出版、一九八二
・Peter Murray『RENAISSANCE ARCHITECTURE』Harry N. Inc., Publishers, New York, 1971
・拙書『ペーパーバック読み考―レーモンド・チャンドラーからポール・オースターまで―』新風書房、一九九五
・拙書『日本の建築空間』新風書房、一九九六
・拙書『近代日本の建築空間』理工図書、一九九八
・拙書『源氏物語空間読解』鹿島出版会、二〇〇〇
・拙書『建築概論』第三章「日本建築の空間史」学芸出版社、二〇〇三
・拙書『地方をデザインする―地方からの発想―』秋田魁新報社、二〇〇三年
・拙書『白井晟一空間読解』学芸出版社、二〇〇五
・拙書『奥の細道・芭蕉を解く―その心匠と空間の謎―』鹿島出版会、二〇〇六

（註）本文中の人名、建物名、年代、建設時期はおおむね『西洋建築史図集』にならっている。

安原盛彦 Yasuhara Morihiko

〈著者略歴〉

一九四五年生まれる。東北大学工学部建築学科卒業、同大学院建築学専攻修了、「『源氏物語』における寝殿造住宅の空間的性質に関する研究」で工学博士（東北大学）、東北大学工学部建築学科非常勤講師などを経て現在、秋田県立大学・教授。専攻は空間史、建築計画。

〈著書〉

『ペーパーバック読み考―レーモンド・チャンドラーからポール・オースターまで―』（新風書房、一九九五）
『日本の建築空間』（新風書房、一九九六、（社）日本図書館協会選定図書）
『近代日本の建築空間』（理工図書、一九九八）
『源氏物語空間読解』（鹿島出版会、二〇〇〇）
『建築概論』（学芸出版社、第三章「日本建築の空間史」執筆、二〇〇三）
『地方をデザインする―地方からの発想―』（秋田魁新報社、二〇〇三）
『白井晟一空間読解』（学芸出版社、二〇〇五）
『奥の細道・芭蕉を解く』（鹿島出版会、二〇〇六）

西洋建築空間史―西洋の壁面構成―
History of Architectural Space in Europe

発　行　二〇〇七年一〇月一〇日　Ⓒ

著　者　安原盛彦

発行者　鹿島光一

印刷・製本　創栄図書印刷

発行所　鹿島出版会
〒一〇〇-六〇〇六
東京都千代田区霞が関三丁目二番五号
電話　〇三（五五一〇）五四〇〇
振替　〇〇一六〇-二-一八〇八八三

ISBN 978-4-306-04490-6　C3052　Printed in Japan
本書の内容に関するご意見・ご感想は下記までお寄せください。
http://www.kajima-publishing.co.jp
E-mail: info@kajima-publishing.co.jp

安原盛彦 著 好評既刊図書

奥の細道・芭蕉を解く

――その心匠と空間の謎

◎四六判・二〇八頁
◎定価一八九〇円（本体一八〇〇円＋税）

芭蕉は歌枕の地をたどりながら旅をした。古代から日本全国に拡がっていた歌枕の場に見る特有な景色。「奥の細道」を場所性・空間性に視点をあて読み解いた全くあたらしい芭蕉論。それは日本の旅空間の発見である。

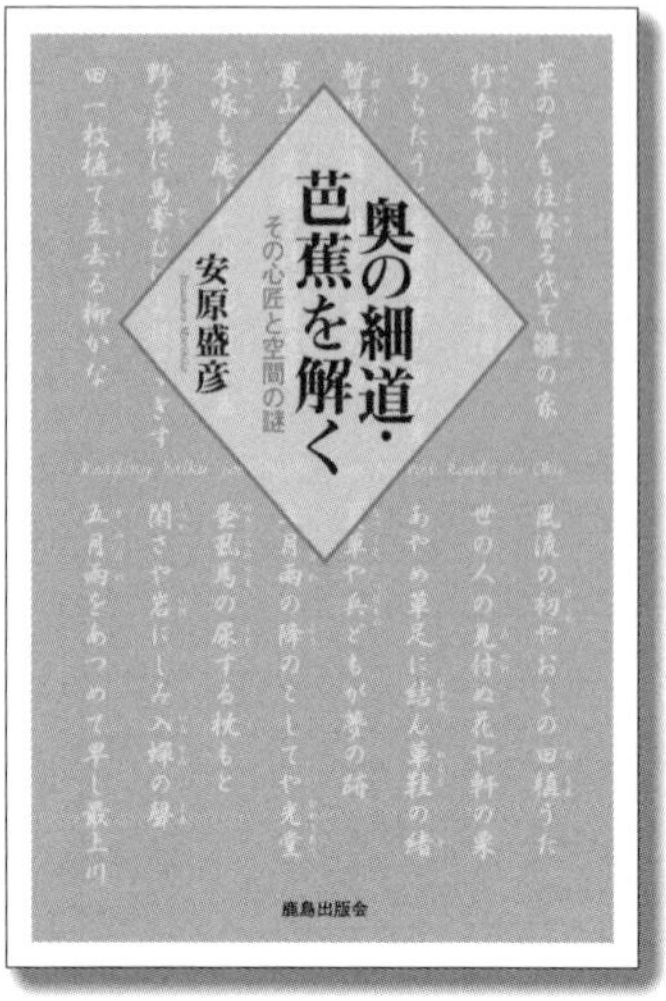

[主要目次]
第一章　芭蕉の旅空間
第二章　奥の細道空間読解

源氏物語空間読解

◎四六判・二三二頁
◎定価二六二五円（本体二五〇〇円＋税）

光源氏と女君達はどのような場・空間で出会ったのか。紫式部の精緻な記述の中に空間のディーテールを探求し、五つのキーワード「奥」「端」「光と闇」「五感」「鎖す」から読み解く。物語に描かれた精緻な人間関係が寝殿造空間の中に浮かび上がる。

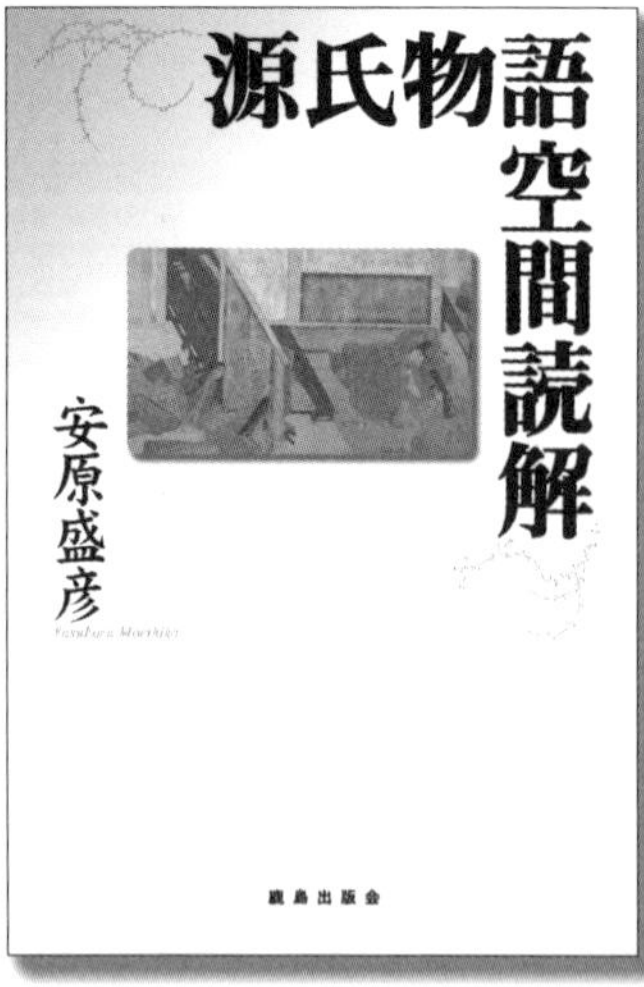

[主要目次]
第一章　源氏物語の建築空間
第二章　庭
第三章　源氏物語空間読解

鹿島出版会